北京市哲学社会科学
研究生教育改革与发展研究基地

北京航空航天大学人文社会科学文库

实践视角下的中国专业学位研究生教育研究

张乐 马永红——著

Postgraduate Education Research of Professional Degree in China

——Based on the Perspective of Practice

北京航空航天大学出版社
BEIHANG UNIVERSITY PRESS

内 容 简 介

专业学位研究生教育已成为我国研究生教育的重要组成部分，发展专业学位研究生教育是主动服务创新型国家建设的重要路径。本书研究了专业学位研究生教育实践活动的内涵、形式及其价值，从知识生产模式理论出发，构建了专业学位研究生教育实践活动理论框架，并对其进行了分析验证。在加快推进新时代专业学位研究生教育高质量发展的当下，本研究具有重要的理论价值和现实意义。

本书既适用于高等教育尤其是研究生教育的实践者和研究者阅读，也可作为高等教育学及研究生教育学专业的教材参考书，期望本书能够为专业学位研究生教育提供思考和启示。

图书在版编目(CIP)数据

实践视角下的中国专业学位研究生教育研究 / 张乐，马永红著. -- 北京 : 北京航空航天大学出版社，2022.3

ISBN 978-7-5124-3763-0

Ⅰ. ①实… Ⅱ. ①张… ②马… Ⅲ. ①研究生教育－研究－中国 Ⅳ. ①G643

中国版本图书馆 CIP 数据核字(2022)第 052699 号

实践视角下的中国专业学位研究生教育研究

张　乐　马永红　著

策划编辑、责任编辑　蔡　喆

*

北京航空航天大学出版社出版发行

北京市海淀区学院路 37 号(邮编 100191)　http://www.buaapress.com.cn

发行部电话:(010)82317024　传真:(010)82328026

读者信箱: goodtextbook@126.com　邮购电话:(010)82316936

北京建宏印刷有限公司印装　各地书店经销

*

开本:710×1 000　1/16　印张:9.75　字数:208 千字

2022 年 6 月第 1 版　2023 年 3 月第 2 次印刷

ISBN 978-7-5124-3763-0　定价:49.00 元

若本书有倒页、脱页、缺页等印装质量问题，请与本社发行部联系调换。联系电话:(010)82317024

前言

>>> Preface

本书对专业学位研究生教育实践活动的内涵进行了理论研究，对国内外专业学位的历史演进进行了比较详细的回顾和评述。笔者也曾走访美国、法国、德国、英国、日本等国的学者教授，并在英国格拉斯哥大学访问期间，系统走访了相关人员，发现国内外专业学位的培养目标相似，但是在专业学位的内涵、判别方式、授权模式、培养过程等方面有所差异。从理论探究的角度看，专业学位是具有非学术职业导向的、培养学生未来主要从事非学术研究工作的一种学位类型。本书梳理了实践含义的历史演进，对与实践有关的文献进行了评述，并对相关代表人物的经典论断进行了分析，在此基础上，将实践分为狭义的和广义的，而我国专业学位研究生教育实践活动是广义的实践。

基于理论研究，本书构建了专业学位研究生教育的实践活动理论框架，并对其进行了实证研究。从知识生产模式理论出发，将知识生产模式 2 和模式 3 的要素与我国专业学位研究生教育实践活动相结合，揭示了知识生产模式 2 和模式 3 中知识生产的要素，从应用情境、跨学科、参与者、场地范围、组织形式、质量控制等方面对专业学位研究生教育实践活动的内涵进行了扩展释义，并研究了实践的三个层次(认识实践、操作实践和反思实践)的形式和价值。基于理论框架进行实证研究，并运用多元线性回归、结构方程模型等分析工具，对回收的数据进行量化研究。

研究发现，该理论框架具有良好的解释意义。实践的三个层次明显体现出了知识生产模式 2 的特征及知识生产模式 3 的作用，并在参与者、质量控制、场地范围方面均表现良好，但在应用情境、跨学科、组织形式方面表现欠佳。同时，研究发现认知实践校外人员参与较少、操作实践组织形式受限、反思实践成果应用价值较低等问题。多元线性回归模型的分析发现，认知实践、操作实践、反思实践对培养目标的达成有显著正向影响，但影响程度存在差异，进一步从不同视角对实践的三个层次进行对比研究发现，不同视角下专业学位研究生教育的实践活动价值均存在差异。

本书提出的政策建议可以为破解现实困境和开展后续研究提供参考。第一，专业学位研究生教育政策的制定须因势利导，并须具有一定的弹性和灵活性。第二，实践的三个层次的良好实施和融合仅依靠高校是不够的，还需要其他利益相关者充分发挥各自的作用，产学研结合要贯穿始终。第三，积极探索和尝试不同形式实践活动的组合，促使专业学位研究生教育中的实践活动发挥最大、最优价值。

本书的创新点在于概念的重新界定、分析视角的转变和理论框架的建构：第一，本书重新阐述了专业学位的内涵，并提出目前我国专业学位呈现的四个特征；第二，已有研究基本上将实践作为专业学位的一个培养环节进行研究，本书转变了分析视角，将专业学位研究生教育的实践活动作为一个整体来研究；第三，从知识生产模式理论出发，本书构建了知识生产模式2和模式3与专业学位研究生教育实践活动理论框架，在此框架下，通过探讨不同层次实践的现状和价值的差异，发现此框架具有良好的解释意义，从而拓展了知识生产模式理论的应用范围，且能够与实际有效结合。

作　者

2021年12月

目录

Catalog

第一章

绪　　论

自古以来，中外哲学家、思想家都非常重视实践的作用，强调理论要与社会实践相结合。南宋著名诗人陆游的千古名句——纸上得来终觉浅，绝知此事要躬行，便强调了实践的重要性。伟大的思想家、哲学家马克思指出："从前的一切唯物主义(包括费尔巴哈的唯物主义)的主要缺点是：针对对象、现实、感性，只是从客体的或者直观的形式去理解，而不是把它们当作感性的人的活动、实践去理解，不是从主体方面去理解。因此，和唯物主义相反，能动的方面却被唯心主义抽象地发展了"①。此论断简明扼要地阐释了新、旧唯物主义的本质区别在于二者能否运用"实践"去理解感性的客观现实世界。

但在实际的教育过程中，"轻实践、重理论"的现象一直普遍存在。20 世纪，我国高等教育刚刚恢复之时，高校被喻为"象牙塔"，是培养科学研究人员、学术精英的"圣地"，正如现代大学之母柏林洪堡大学倡导的"洪堡精神"(大学完全以知识及学术为最终目的，崇尚自由、科学至上)一样。然而，在高等教育从贵族化、精英化到大众化、普及化的发展历程中，大学的质量观和价值观也发生了重大变化。现代大学在保留学术性的同时逐渐开放，与经济社会的联系比以往任何时代都更紧密。现代大学在推动经济发展和社会进步等方面发挥着越来越大的作用，尤其是在高新科技革命时代，产业转型和技术革新越来越依赖大学的科技创新和人才培养，现代大学需要承担的国家使命和社会责任也越发明显和重要。在这样的时代背景下，专业学位研究生教育顺势而生，蓬勃发展，已成为我国研究生教育的重要组成部分。

一、研究缘起

我国正在全力推进的一系列重大战略实施，对大量应用型人才的需求日益急迫。这些战略导向为我国高等教育的进一步深化改革指明了前进的方向，教育供给结构的相应调整也势在必行。同时，随着我国经济和社会的转型、高等教育的大众化和创新型国家战略的实施与推进，国家对高层次人才的需求日趋多样化。我国的研究生教育需要从过去相对单一的、以培养高校教学科研人员以及科研机构的学术精英为主，向多样化人才培养方向转变。为此，研究生教育的培养目标、培养模式也需要做出相应的战略性调整。

设置专业学位的初衷是满足经济社会发展需求。我国专业学位研究生教育始于 20 世纪 90 年代初，经过 30 年左右的发展，其类别不断丰富，培养能力逐渐增强，招生数量逐年攀升，地位日益重要，与学术学位已成平分之势，成为研究生教育的重要组成部分。这不仅有利于优化研究生教育类型结构和完善研究生教育体系，同时还有利于缓解日益加重的就业压力。目前，我国已设置 6 种博士、40 种硕士、1 种学士

---

① 中共中央马克思恩格斯列宁斯大林著作编译局. 马克思恩格斯选集(第 1 卷)[M]. 北京：人民出版社，2012：133.

类型的专业学位，形成了统考和联考两种考试形式[①]，以及在职和全日制两种攻读方式，部门、行业、企业多方参与，建立起与职业资格制度初步衔接、覆盖国家经济和社会发展主干领域的专业学位研究生教育体系。长期以来，专业学位研究生教育培养了适合各行各业要求的高层次应用型人才，优化了国家人才队伍结构，为推动人才强国战略和科教兴国战略的有效实施提供了强有力的保障。

"专业学位"(professional degree)是一个舶来词，源自美国，是世界上比较通行的培养高层次、应用型人才的学位类型。我国的专业学位与国外的专业学位并不等同，在许多方面存在显著差异，以下对国内外专业学位的历史演进及发展现状进行了梳理。

(一) 国外专业学位的历史演进及发展现状

1. 美国的专业学位

美国是世界上开展专业学位教育最早也是迄今最为成功的国家。经过多年的探索和发展，美国已经形成相对完备的专业学位教育制度和体系，涵盖了学士、硕士和博士三个专业学位层次，且学位种类丰富多样。美国专业学位的萌芽可追溯到殖民地时期，主要是为了培养当时社会发展所需要的专业人员，如医师、牧师等。19 世纪初期，专业学院开始大规模出现，如哈佛大学、耶鲁大学等先后成立了法学院。如表 1-1所列，1908 年，哈佛大学授予了美国第一个工商管理硕士(Master of Business Administration，MBA)专业学位，并于 1913 年建立了独立的商学院；1920 年，哈佛大学首次设立教育博士学位，招收在教育领域有社会实践经验的人员。截至 2018 年，美国至少有 38 种专业学士学位、112 种专业硕士学位和 56 种专业博士学位，另外还有 11 种第一职业学位(First Professional Degree，FPD)。[②]

表 1-1 美国专业学位历史演进过程简表[③]

时 间	与专业学位相关的重要事件等
1908 年	哈佛大学授予美国第一个专业学位(工商管理硕士)
1920 年	哈佛大学设立第一个专业博士(教育博士)学位
20 世纪 80—90 年代	专业硕士学位获得者数量占硕士学位获得者总数的 55%以上
2000 年	专业硕士学位授予数量占硕士学位授予总数的 80%以上
2010—2012 年	专业硕士学位授予数量与硕士学位授予总数比值保持在 82%左右，与研究生学位授予总量的比值保持在 67%左右；第一职业学位授予数量与研究生学位授予总量的比值保持在 11%左右

① 根据中国学位与研究生教育信息网 http://www.chinadegrees.cn/xwyyjsjyxx/gjjl/信息整理得出.

② 研究生专业学位总体设计研究课题组. 开创我国专业学位研究生教育发展的新时代——研究生专业学位总体设计研究报告[M]. 北京：中国人民大学出版社，2010：104-114.

③ 根据美国教育部(U. S. Department of Education)、美国自然科学基金(U. S. National Science Foundation, NSF)、美国国家教育统计中心(U. S. National Center for Education Statistic, NCES)的信息整理得出.

美国专业学位授权的特征。一般而言，专业学位授权具有两层含义：一是指高校具有开展专业学位教育的权力，本书称之为“专业学位学校授权”；二是指高校具有开展某个具体的专业学位项目或种类的权力，本书称之为“专业学位项目授权”。多元参与的混合式调控是美国学位授权模式的重要特征之一。[①] 美国是联邦制国家，对高等教育和学位授权的管理都集中在州政府，但是州政府对高校学位授权的管理是有限的，审批也是不定期的，而高校具有较大自主性，特别是私立高校和著名大学。所以专业学位授权就自然包含在学校已有学位授予权之中，不再另外进行学校整体专业学位授予权的审核和授权。学位授权的高度自主性使得美国专业学位有了巨大的发展空间。[②] 美国专业学位授权的审核及评估重视多元参与的混合式调控，市场需求、办学实力、专业团体的专业认证行为均影响专业学位授权的审核结果。美国高校学位授权受州政府、社会组织、市场和高校自身的混合调控，具有较大的灵活性。高校的学位授予权需获州政府的许可，同时认证机构的认证对学位授权及学位质量保障也具有重要影响。此外，市场淘汰机制和高校自身的自我调节机制均影响美国学位授权体系的形成。

美国研究生学位的分类。美国教育部将硕士学位分为研究型硕士学位和专业硕士学位。[③] 研究型硕士学位需要完成研究生层次的课程和专题讨论，以考试、撰写学位论文或者开展项目为考核方式。专业硕士学位是为学生在应用或专业领域就业而设置的，学生需要完成课程和专题讨论，并用开展项目代替学位论文的撰写、实习实践等。虽然美国教育部对研究生学位做了分类，但究竟哪些是研究型学位、哪些是专业学位，并没有很明确的、统一的区分标准，而且存在同一学院授予学生不同类型学位的情况。以麻省理工学院土木与环境工程专业为例，该专业可授予的研究生学位包括工程硕士、理学硕士、哲学博士、理学博士四种。因此，仅以专业学位或研究型学位来对美国的研究生学位进行简单分类是笼统和模糊的。

美国大学协会在1935年提出要为不同的学位类型设置不同的人才培养目标和要求，拟将硕士学位分为文学硕士、理学硕士、教育文学硕士和教育硕士。其中，文学硕士和理学硕士为研究型学位，教育文学硕士和教育硕士为专业学位，并对各种类型的硕士生教育提出了最基本的要求。美国国家教育统计中心将研究生学位分为硕士学位、第一职业学位和博士学位。其中，第一职业学位是最典型的专业学位，旨在实现与职业资格的对接；FPD在美国教育部网站被介绍为“是专业领域的任职资格要求……该学位获得者被认为具有了学位所对应专业领域的入门资格”[④]。截至2018

---

① 北京航空航天大学高等教育研究院．专业学位授权体系建设研究报告[R]．2013：111.

② 美国加利福尼亚州高等教育总体规划[M]．教育部国家发展研究中心组，王道余，译．北京：人民教育出版社，2005：207.

③ 根据 Structure of U.S. Education. https://www2.ed.gov/about/landing.jhtml 信息整理得出.

④ 根据 U.S. Department of Education. https://www2.ed.gov/about/landing.jhtml 信息整理得出.

年，美国 FPD 类型有神学、法律、医学等共计 11 种。[①]

2. 英国的专业学位

英国的高等教育发展历史大致分为两个阶段：一是精英教育阶段（12 世纪—20 世纪 60 年代初），二是大众化阶段（20 世纪 60 年代开始至今）。如表 1－2 所列，20 世纪 90 年代，英国的专业学位教育得到快速发展，高校开始大规模设置工商管理硕士专业。1992 年，布里斯托大学授予了英国第一个专业博士学位（教育博士学位）。自 2000 年起，专业学位研究生教育就已成为英国研究生学位教育的主体。2016 年，专业学位研究生授予人数占研究生学位授予总数的 90％左右。[②]

表 1－2 英国专业学位历史演进过程简表[③]

时 间	与专业学位相关的重要事件等
1963 年	《罗宾斯报告》建议研究生教育的重心应转向发展专业学位
20 世纪 90 年代	专业学位教育得到快速发展，高校开始大规模设置工商管理硕士专业
2003—2008 年	专业学位研究生授予人数占研究生学位授予总数的 75％左右
2009—2013 年	专业学位研究生授予人数占研究生学位授予总数的 80％以上
2016 年	专业学位研究生授予人数占研究生学位授予总数的 90％左右

英国的学位授权按照基础学位、教学学位和研究学位分层次开展。其中，教学学位授予权对应授课型硕士学位及其以下级别的学位授予，研究学位授予权对应研修式硕士学位授予和博士学位授予。研究学位授予权必须在获得教学学位授予权的前提下申请，或者两者同时申请，英国研究生教育的国际化特征十分显著。多年来，英国积极响应欧盟研究生教育国际化政策，积极推进高校研究生教育国际化进程。根据英国高等教育统计署（Higher Education Statistics Agency，HESA）的资料，2015—2016 学年，超过一半（57.1％）的全日制研究生来自英国以外，45.5％的全日制研究生来自欧盟以外；非英国注册的全日制研究型研究生占 50.9％，全日制授课型研究生则高达 69.8％。[③]

英国的研究生学位分为研究型学位和授课型学位。研究型学位的培养方式会为学生提供较多的独立学习机会，旨在培养学生的研究和分析能力。学生入学需要获得相关专业的学士学位，以在入学后能在该专业领域进行深入的学习和研究。大部分攻读研究型学位的学生有资深研究者为其导师，并且需要通过最终的论文答辩环节，才能获得硕士学位或博士学位。实际上，这种培养方式主要用于博士阶段的各类

① 根据 U. S. National Center for Education Statistic. https://nces.ed.gov/programs/digest/d07/tables/dt07_258.asp 信息整理得出.

② 根据 http://www.findamasters.com 及 http://www.hesa.ac.uk 信息整理得出.

③ 根据 http://www.hesa.ac.uk/data-and-analysis/publications/students-2015-16/introduction 信息整理得出.

教育，许多以研究型硕士身份注册入学的学生会在一年之后转为攻读博士学位。

相比较而言，授课型学位的申请条件相对宽松，只要获得学士学位即有资格申请攻读授课型硕士学位。不仅如此，对于那些没有学士学位的申请者，如其社会经验丰富或工作能力突出，可以申请攻读授课型硕士学位。申请攻读授课型学位的申请者不用参加统一的入学考试，其录取条件和入学要求由招生高校自行制定。授课型学位的培养方式绝大多数是以授课形式为主，但不排除少数课程也会涉及大量的研究工作、学术活动或研究活动。授课型研究生教育的学制基本为1年，获取硕士学位一般需要提交1篇1万～2万字的论文，论文通过后会获得硕士学位或者文凭、证书。根据英格兰高等教育基金委员会（Higher Education Funding Council for England，HEFCE）的解释，英国的研究生学位除了研究型和授课型外，还有一种“专业培养”类型。但严格意义上，该类型依旧属于授课型，主要强调职业化，与特定职业衔接，如师范研究生证书、皇家建筑师协会证书。授课型研究生教育旨在满足学生的三种需求：一是为了继续深造，在本科的基础上丰富其在该领域的知识；二是为了转“专业”，学习新学科并帮助学生尽快适应新的学习领域；三是为了在某些特定的行业就业，即上面提到的专业培养。[①] 根据英国大学协会发布的《英国高等教育现状与趋势2017》报告的数据，英国2006—2016学年授予研究型和授课型学位的人数如表1-3所列。

表1-3 英国2006—2016学年授予高等教育不同层次学位数量[②]

单位：人

时 间	研究生（研究型）	研究生（授课型）	第一学位	基础学位	其他本科
2006—2007学年	21 135	181 095	319 260	11 635	117 940
2007—2008学年	19 470	182 535	334 890	14 975	124 585
2008—2009学年	20 570	183 990	333 720	18 850	117 280
2009—2010学年	21 680	204 650	350 860	24 865	114 885
2010—2011学年	23 055	229 100	369 010	27 305	114 070
2011—2012学年	24 115	239 975	390 990	27 145	104 985
2012—2013学年	25 900	236 115	403 770	25 240	96 875
2013—2014学年	24 690	233 220	421 635	18 930	79 085
2014—2015学年	26 640	234 960	395 580	16 875	70 950
2015—2016学年	27 370	234 780	399 820	14 820	65 935

① 根据 https://webarchive. nationalarchives. gov. uk/ukgwa/ * /http:/www. hefce. ac. uk/信息整理得出.

② 根据 http://www. universitiesuk. ac. uk/facts - and - stats/data - and - analysis/Pages/patterns - and - trends - 2017. aspx 信息整理得出.

从各学年获得学位的人数来看，获得授课型学位的人数远高于获得研究型学位的人数，并占绝对优势。2006—2016 学年，获得授课型和研究型学位学生的人数总体上呈上升趋势，其中获得研究型学位的人数从 2006—2007 学年的 21 135 人上升到 2015—2016 年的 27 370 人，增长了 29.50%，获得授课型学位的人数从 2006—2007 学年的 181 095 人上升到 2015—2016 年 234 780 人，增长了 29.64%。获得授课型学位的人数在 2009—2010 学年得到大幅上升，2011—2012 学年达到顶峰，之后有所下降。

3. 日本的专业学位

日本传统的研究生院主要以研究型学生的培养为重，在实际的教学过程中忽视了实用型人才的培养。伴随着科学技术的进步以及经济全球化进程的不断推进，日本社会对专业型职业人才的需求不断增加，“特别是在司法、商务及医疗领域中，需要培养兼备高深知识和判断能力的专业人才”[①]。日本专业学位教育在这样的社会背景下开始起步发展，直到 1998 年正式提出培养高层次专门人才，日本才有了真正意义上的专业教育。2003 年，日本国会通过新修订的《学校教育法》，规定在研究生院设置专业学位研究生课程。同年，日本文部科学省颁布《专业学位研究生院设置基准》，规定了专业学位的最低标准和要求，日本专业学位研究生制度正式建立。日本专业学位的历史演进过程见表 1-4。

表 1-4 日本专业学位的历史演进过程简表[②]

时 间	与专业学位相关的重要事件
1998 年	发布《关于 21 世纪大学改革的咨询报告》，指出必须培养高层次专门人才
1999 年	设立了专门培养高层次职业人才的“专门职大学院”
2000—2002 年	在京都大学等 6 所大学的“专门职大学院”开设了医疗类和工商类专业，如社会健康医学、MBA 等
2003 年	文部科学省颁布《专业学位研究生院设置基准》，开始招收专门职大学院研究生（专业学位研究生）
2012 年	专业学位招生人数占研究生招生总人数的 7.7%，其中，“法科大学院”和“教职大学院”招生人数占专业学位总数的 60%以上
2016 年	专业学位招生人数为 16 623 人，约占在校生总人数的 6.7%

日本学位授权采用标准导引再授权模式，即先通过标准设置开展专业学位试点，再进行国家授权评估和再授权的模式。具体来讲，日本就是国家先出标准，各校再

---

① 江虹. 日本专业学位研究生院：模式、作用及意义解析[J]. 上海商学院学报，2009(3)：28－31.

② 根据日本文部科学省专门职大学院（法科大学院・教职大学院）官网 http://www.mext.go.jp 信息整理得出.

"按图索骥"决定是否开展专业学位项目设置,国家不仅对学校的整体设置制定了具体要求,还对专业学位设置制定了具体要求,只有满足设置要求的高校,才可开展专业学位项目。日本文部科学省通过《专业学位研究生院设置基准》后,各类高等教育机构(短期大学除外)自然获得专业学位授予权。①

日本研究生学位的分类。根据日本文部科学省《专业学位研究生院设置基准》的规定,研究生课程主要分为研究型学位(类似于我国的学术学位)课程和应用型学位(类似于我国的专业学位)课程两大类。研究型学位课程分为一般硕士课程和一贯制博士(相当于我国的直博)前期课程,涵盖哲学、理学、文学等,学制一般为两年,申请者完成学业后即可获得硕士学位。应用型学位研究生院的修业年限一般为两年,但法律研究生院的修业年限为三年。

根据日本文部科学省《2016 年学校基本调查》的数据,截至 2016 年,日本全国 777 所大学中有 627 所大学开设了研究生课程,其中国立大学有 86 所,公立大学有 79 所,私立大学有 462 所。②

(二) 我国专业学位的历史演进及发展现状

我国专业学位的发展历程大致可以分为应用型高层次专门人才培养试点、专业学位教育初步发展、专业学位教育快速发展和全日制专业学位教育的开始与发展四个阶段(见表 1-5)。

在应用型高层次专门人才培养试点阶段,各试点单位在招生、教学、培养和论文等各环节制定了不同于传统学术学位的人才培养方案,但从总体上看,尚未形成一个完整的体系。在专业学位教育初步发展阶段,专业学位得以正式设立,且其各项规章制度初步形成。在专业学位教育快速发展阶段,专业学位培养单位和授予点的数量、招生规模和学科类别都得到快速增长。此时,攻读专业学位的以社会在职人员为主,申请者毕业时没有毕业证书,只能获得学位证书。进入全日制专业学位教育的开始与发展阶段,我国开始设置全日制专业硕士学位,扩充了专业学位类别,并进行了试点改革和深化改革,专业学位研究生的培养转向质量提升和内涵式发展。

国内外专业学位存在差异。首先,在专业学位的称谓和内涵上存在差异。在国外,专业学位的含义是比较狭隘的,典型的冠以"专业学位"名称,如美国的 FPD 及英国的师范研究生文凭,相当于一种职业学位,学生的未来职业非常确定。格拉斯哥大学教育学院所认为的专业学位从名称上难以分辨,是由特定的项目所对应的人群及其职业发展决定的,这是二者最根本的区别。在我国,之所以叫专业学位教育,是因为其培养应用型人才,我国专业学位的内涵是极其丰富的,不等于职业学位,而是具有职业导向性的学位,带有职业资格的色彩,实际上涵盖了国外所有非研究型的学

---

① 高益民. 日本专业学位研究生教育的初步发展[J]. 比较教育研究,2007(5):33-37.

② 根据日本文部科学省 https://www.mext.go.jp/信息整理得出.

位，因此，以非研究型学位来代替专业学位更为恰当。

表 1-5 我国专业学位的发展历程

时间	阶段	重要政策文件和事件
1981—1989 年	应用型高层次专门人才培养试点阶段	1984 年，教育部研究生司发布《转发清华大学、西安交通大学等十一所高等工科院校〈关于培养工程类型硕士生的建议〉的通知》
		1989 年，国家教育委员会发布《关于加强培养工程类型工学硕士研究生工作的通知》
		1989 年，国家教育委员会批准全国 135 所高校组织单独入学考试，招收和培养工程类型硕士研究生
		1989 年，成立"培养中国式 MBA 研究小组""医学职业学位研究小组"
1990—1996 年	专业学位教育初步发展阶段	1990 年，国务院学位委员会发布《关于设置和试办工商管理硕士学位的几点意见》，开启了我国专业学位教育的先河
		1992 年，国务院学位委员会同意按专业学位本身授予学位
		1996 年，国家教育委员会发布《关于在部分高等学校试点按工程领域培养工程硕士的通知》，14 所高等学校试点按工程领域培养工程硕士
		1996 年，国务院学位委员会审议通过《专业学位设置审批暂行办法》
1997—2008 年	专业学位教育快速发展阶段	1997 年，《工程硕士专业学位设置方案》《国务院学位委员会关于批准部分高等学校开展工程硕士培养工作的通知》发布，批准 54 所高校开始培养工程硕士
		1998 年，全国工程硕士专业学位教育指导委员会正式成立。2000 年，国务院学位委员会设置口腔医学硕士、博士；2004 年，设置会计硕士；2005 年，设置体育、艺术和风景园林硕士；2007 年，设置翻译硕士；2008 年，设置社会工作硕士
2009 年至今	全日制专业学位教育的开始与发展阶段	2009 年，《教育部关于做好全日制硕士专业学位研究生培养工作的若干意见》公布，决定扩大招收以应届本科毕业生为主的全日制硕士专业学位范围
		2010 年，国务院学位委员会印发《硕士、博士专业学位研究生教育发展总体方案》《硕士、博士专业学位设置与授权审核办法》
		2015 年，开展深化专业学位研究生教育综合改革试点工作
		2018 年，教育部对工程专业学位类别进行调整

其次，对专业学位的判别方式不同。国外很少将专业学位单独列出，而是通过其他方式来体现专业学位与其他学位类型的差异。美国主要是通过授予的学位类型、是否需要撰写学位论文来判断是否是专业学位；英国授课型硕士必须要上课，但在实践、论文环节，学生可以根据实际情况自行选择，且并不是授课型硕士就不能从事学

术研究；日本的应用型专业学位基本无论文要求。我国的研究生教育对专业学位与学术学位在名称和培养目标上做了明确区分。

再次，培养过程有所区别。我国的专业学位培养模式一般是三段式，即课程学习、专业实践和撰写学位论文，且缺一不可，培养年限一般为2～3年。国外的专业学位培养过程大体也包含课程学习、专业实践和撰写学位论文，但是安排十分灵活和有弹性，如可以用做项目代替学位论文的撰写等，培养年限一般为一年。

最后，高校的专业学位授权程度不同。国外高校在专业学位项目和种类的设置上比我国高校拥有更多的自主权和自由度。此外，在我国的专业学位教育中，伦理教育还未得到应有的重视，很多专业学位教育尚未将职业伦理课程作为培养方案中不可或缺的模块。

20世纪90年代末，在国家发展政策的积极引导下，专业学位研究生教育进入快速发展阶段。从实际招生规模来看，2011—2016年，专业学位研究生招生数量分别为15.99万人、19.89万人、22.86万人、24.08万人、26.36万人和28.23万人，分别占研究生招生总数的28.6%、33.7%、37.4%、38.7%、40.9%和42.3%。2016年，全国共招收硕士研究生58.98万人，其中，专业硕士招生人数达到27.98万人，占硕士研究生招生总数的47.4%。①

近年来，政府部门相继出台了一系列政策文件，来推动我国专业学位研究生教育的快速发展。2010年，国务院学位委员会发布《关于开展新增硕士专业学位授权点审核工作的通知》，指出要“不断扩大硕士专业学位授权范围，完善硕士专业学位教育地区布局”。2013年，《教育部 国家发展改革委 财政部关于深化研究生教育改革的意见》发布，提出要“积极发展硕士专业学位研究生教育，稳步发展博士专业学位研究生教育”。2017年，《教育部 国务院学位委员会关于印发〈学位与研究生教育发展“十三五”规划〉的通知》中提出，要保持研究生培养规模适度增长，专业学位硕士招生占比达到60%左右，主动适应需求，动态调整优化结构。2018年，教育部将工程专业学位类别调整为电子信息、机械等8个专业学位类别，从2020年起按调整后的专业学位类别进行招生。②

我国专业学位发展得到了国家和地方有关部门的政策支持。2014年11月，由国务院学位委员会办公室、教育部学位管理与研究生教育司、文化部文化产业司和文化科技司指导，文化产业相关的全国体育、新闻与传播、旅游管理、艺术等7个专业学位研究生教育指导委员会主办的“专业学位教育与文化产业发展对话”活动在北京大学举行③，以此搭建沟通交流平台，加强专业学位研究生培养院校与文化行业、企业

---

① 王战军. 中国研究生教育质量年度报告(2017)[M]. 北京：中国科学技术出版社，2017：14-28.

② 新华社. 国务院学位委员会办公室、教育部学位管理与研究生教育司负责人就调整工程专业学位类别答记者问[EB/OL]. (2018-03-27)[2018-05-30]. https://www.sohu.com/a/226470129_267106.

③ 新浪教育. 专业学位教育与文化产业发展对话活动举行[EB/OL]. (2014-11-26)[2017-12-30]. http://edu.sina.com.cn/kaoyan/2014-11-26/1116445358.shtml.

间的合作，以培养高层次、应用型文化行业专业人才。2017年，《国务院办公厅关于深化医教协同进一步推进医学教育改革与发展的意见》指出，“统筹优化临床培养培训内容和时间，促进硕士专业学位研究生教育与住院医师规范化培训有机衔接”。由此多地省级政府大力支持专业学位发展。江苏省自2010年开始设立产业教授制度，产业教授体现的是“产业＋教授”的结合，旨在积极推动企业与高校的深度合作，并实现专业学位研究生与学术型学位研究生生均拨款标准的统一。2016年和2017年资助专业学位研究生科研创新项目均在900项左右，年均资助经费超过1 000万元。截至2017年9月底，上海市教育委员会已累计投入1.6亿元，建成了303个市级专业学位研究生实践基地、79个示范级专业学位研究生实践基地。[①]

（三）问题的提出

目前，我国的学术学位研究生规模基本稳定，专业学位硕士研究生教育得到积极发展，专业学位博士研究生教育也在稳步发展，但同时也存在一些急需思考和亟待解决的问题。专业学位设置之初，存在被“矮化”的现象，如生源中有大量学生是从学术学位调剂到专业学位的；学术学位学生能够直博、硕博连读，但是专业学位学生不可以。专业学位与学术学位的培养模式存在“同质化”现象，两者只是称谓不同，培养过程并无明显差异。

不同层次、不同类型的培养院校对专业学位还有自己的认识和理解。高层次应用型人才是一个较为宏观和宽泛的概念。由于专业学位脱胎于学术学位，部分高校的专业学位研究生培养方案只是在学术学位研究生培养方案的基础上略做变动，并没有完全根据专业学位的定位和特点重新构建培养体系，特色鲜明、符合人才培养规律的专业学位研究生培养模式的形成尚需时日。我国专业学位研究生教育体系仍需要不断健全和完善，特别是2009年开始招收以应届本科毕业生为主体的全日制专业学位后，有些培养单位已经难以招架招生规模。实践既是制约全日制专业学位发展的难点之一，也是区分专业学位与学术学位的显著特征。

专业实践是专业学位教育的培养特色，是专业学位区别于学术学位的重要方面，是实现专业学位教育目标的有效途径。已有研究基本将全日制专业学位研究生的培养过程分为课程学习、专业实践、撰写学位论文三大环节。无论是从研究生的自身基础还是从学校拥有的条件和资源来看，课程学习和撰写学位论文都是有保障的。但专业实践环节对很多高校来说，是一个全新的命题，是全日制专业学位研究生培养过程中亟须加强的环节。专业学位研究生需要通过专业实践来应用和检验从课程中学习的知识，专业实践的效果将影响课程学习的改革和学位论文的撰写。因此，抓好专业实践是达成全日制专业学位研究生培养目标、深化专业学位培养模式改革的关键。

---

① 贺随波，刘俊起. 服务需求 创新模式 突出特色 提高质量——深化专业学位研究生教育综合改革二年总结[J]. 学位与研究生教育，2018(1)：1－6.

从国际上来看，主要发达国家都十分重视专业学位教育中的实践活动。

1. 美国专业学位教育中的实践活动

从一定程度上说，专业硕士是美国无论文硕士的主体。① 以美国普渡大学为例，该校的硕士学位项目分为论文硕士和无论文硕士两大类。除物理等少数学科专业允许无论文硕士继续攻读博士学位外，其余学科专业的学生要想继续攻读博士学位，必须完成论文硕士项目。大部分无论文硕士项目具有比较明显的专业学位特征，可以看成是专业学位项目。② 一些基础学科（如哲学、英语等）和采用远程教育形式的无论文硕士学位项目几乎全部采用课程讲授方式，即模式 1；更加重视体验式学习、项目式学习的无论文硕士项目，即模式 2；模式 3 是指需要完成一个最终项目并进行答辩的无论文硕士学位项目，这种无论文硕士学位项目的培养过程与模式 2 十分相似，但还要求学生完成一个最终项目并进行严格的答辩考查。

2. 英国专业学位教育中的实践活动

英国高校遵循自由教育的理念，在发展学生的各种能力、保持学生兴趣和为学生就业服务等方面做出了很大努力，旨在促进学生身体、思维、个性和精神的全面发展，强调培养学生的批判性思维能力，以避免培养出"千篇一律"的模式化学生，这一理念主要体现在专业学位的多元化上。以格拉斯哥大学为例，该大学的教育学专业蜚声国际，在 2016 泰晤士高等教育世界大学排名（Times Higher Education World University Ranking）中，英国大学教育学专业排名第一。③ 格拉斯哥大学教育学院研究生授课项目按不同的学习阶段有 5 种不同类型，分别是研究生证书、研究生文凭、师范研究生文凭、硕士学位和教育博士。前 4 种硕士层次的研究生项目是由学生的自主选择、考核表现以及推进的阶段综合决定的，考核合格的学生可以申请进入下一阶段。由此可见，格拉斯哥大学的研究生授课项目具有多元化特征。

如表 1-6 所列，格拉斯哥大学的研究生学位分为授课型学位和研究型学位。要想获得授课型学位，申请者必须完成基本的课程学习要求，且多数项目要求撰写毕业论文；而研究型学位的学生，一般在学术导师的指导下从事研究，没有必须的课程要求，也没有正式的考核，但必须提交学位论文。授课型硕士学位项目包含心理学研究、社区学习与发展、青年研究、成人与继续教育等 19 个项目。每个项目均有明确的面向对象、目的、结构、课程，主要根据个人职业经历和兴趣，深入扩展学生对教育知识的理解，通过讲座、工作坊、小组讨论、在线教育等，参与实际问题的解决，促进学生批判性思维、理论联系实际等能力的提升和发展。

---

① 洪成文. 美国硕士生教育发展的历史考察[J]. 学位与研究生教育，2002(2)：68-73.

② 樊文强，马永红，赵迪. 美国无论文硕士学位项目教育模式研究——以普渡大学为例[J]. 学位与研究生教育，2016(9)：69-74.

③ 根据 http://rankings.betteredu.net/times/university-rankings-subjects/education/2016.html 信息整理得出.

表 1-6 格拉斯哥大学授课型硕士学位项目和研究型硕士学位项目对比[①]

对比内容	授课型(多数项目)	研究型
学制	全日制 1 年	全日制 1 年,在职 2 年
课程	硕士文凭:修满 120 学分的课程;硕士证书:修满 60 学分的课程	无必须要求
实践	到中小学实践	无必须要求
导师	论文阶段有导师指导	全程有学术导师指导
考核	课程学习、撰写毕业论文(多数项目要求)	撰写学位论文
获得文凭	硕士文凭和证书、硕士学位	研究型硕士或博士学位
职业预期	教育领域(中小学教师等),政府部门,学术研究和为博士学习做准备	学术研究

3. 日本专业学位教育中的实践活动

日本专业研究生院的人才培养模式基本参照了美国法学院、工商管理学院的人才培养模式。[②] 与研究型研究生的毕业要求不同,专业学位研究生基本没有学位论文、研究成果等方面的要求。在培养专业学位研究生的过程中更加注重和体现实践性,如在课程教学上,聘请各行业具有丰富实践经验、仍在一线工作的专家作为指导教师,传授最新、最直接的实践知识;在教育内容上,强调让学生认识到理论与实践的联系,具体的授课方式以事例研究和现场调查为主,如田野调查、工作坊、模拟、角色扮演等形式。

4. 中国专业学位教育中的实践活动

实践贯穿我国专业学位研究生教育整个过程。我国设置的 40 个硕士专业学位培养方案,特别是 2010 年,国务院学位委员会《关于印发金融硕士等 19 种专业学位设置方案的通知》中明确提出:专业学位研究生培养过程须突出实践导向,其中实践教学时间不得少于半年;课程设置要充分体现实践领域对知识与能力的要求;专任教师须具有较强的专业实践能力;学位论文须与实际工作紧密结合,且答辩评委中须有在实践领域担任专业技术职务的专家。

目前,我国专业学位生源大多是应届本科毕业生,实践经验匮乏。为了在培养过程中突出实践导向,政府和高校已采取了一些措施,如加大应用课程比例,加强校内外导师队伍建设,积极建设实践基地等。但是理想与现状仍然存在较大差距。以实践基地为例,虽然已有部分学校与校外单位联合建立了实践基地,目的是为学生提供更多的实践机会,但是实践基地数量还是较少,企业参与的积极性尚且不足,参与力

---

① 根据英国格拉斯哥大学 https://www.gla.ac.uk/postgraduate/about/信息整理得出.

② 江虹. 日本专业学位研究生院:模式、作用及意义解析[J]. 上海商学院学报,2009(3):28-31.

度也不大。根据《中国研究生教育质量年度报告(2016)》的数据,仅有 30.3%的专业学位研究生拥有校外导师,其中专业学位博士生拥有校外导师的比例为 51.5%,远高于专业学位硕士生的 28.9%;专业学位硕士生进入实践基地参与实践的比例仅为 34.5%。[①] 可见,依然有相当数量的学生未能得到实践机会,为解决这一问题,有的专业学位学生跟学术学位学生一样,跟随导师做科研项目;有的自己联系实践单位,但实践时间和实践效果难以保证,实践质量大打折扣。

明晰实践的内涵以及如何将实践切实贯穿于整个培养过程,以使实践发挥其应有价值,已经成为培养专业学位研究生的核心问题。那么实践的内涵是什么?它有哪些表现形式?实践的价值是什么?

基于上述背景与分析,本书主要研究以下问题。

1)专业学位研究生教育实践活动的内涵是什么?

2)不同形式的实践活动对专业学位研究生教育有什么样的作用和价值?

二、本书的研究意义

(一)理论意义

对国内外专业学位进行比较研究,有利于明晰专业学位的内涵。通过对国内外专业学位的历史演进及发展现状的研究发现,我国的专业学位和国外的专业学位有相似之处,但又不完全等同。基于此,本书对专业学位的内涵重新进行了界定,为专业学位研究生教育实践活动的研究提供了新的视角,丰富了我国专业学位教育研究和培养模式研究的理论体系。从专业学位研究生教育的实践内涵出发,本书对实践的内涵进行了重新界定。从知识生产模式理论出发分析实践活动,研究实践是如何体现知识生产模式 2 和模式 3 的特点的,一方面扩展了该理论的应用范围,另一方面也为当前高等教育研究尤其是学位与研究生教育研究提供了新的视角和方法。

(二)现实意义

在专业学位教育日益成为我国研究生教育主体之际,对专业学位的研究就越发重要。本书对专业学位内涵的剖析能够在一定程度上推动利益相关者对专业学位的深入认知,向专业学位的供给方(学生)和需求方(用人单位)传达明确的意图。

厘清实践的内涵、形式和价值,有利于深入推进专业学位中实践活动的开展。实践不仅可以传播知识、运用知识,还可以创造新的知识,实践是对理论知识的升华和再创造,因此,不仅学术学位学习者可以创造知识,专业学位学习者同样可以创造

---

① 研究生教育质量报告编研组. 中国研究生教育质量年度报告(2016)[M]. 北京:中国科学技术出版社,2016:28-36.

知识。

对我国全日制专业学位研究生的培养现状，特别是实践状况进行调研，不仅有助于了解目前专业学位研究生参加实践的现状和困难，以寻求外界对专业学位实践的参与和支持，为学生参与实践创造有利的外部环境，且对专业学位人才培养质量的提升，推动全日制专业学位研究生教育的改革也有一定的参考价值。

三、本书的研究方法

(一) 定量研究方法

本书采用定量研究方法，结合文献研究法建立理论框架来解释研究结论，采用SPSS19.0 和 Amos22.0 统计软件进行数据分析，主要包括描述性统计分析、多元回归分析、结构方程模型等。定量研究适合大规模的调研和分析，通过建立假设和模型分析对总体进行推断。

(二) 质性研究方法

质性研究是在微观层面对个体进行动态、深入的解读。为了获得真实的一手材料，笔者于 2015 年 4—6 月，参与了“创新专业学位研究生培养模式研究”课题组对全国 8 个省市(上海市、北京市、重庆市、黑龙江省、山西省、江苏省、安徽省、陕西省)91 所高校进行的访谈调研。2015 年 10 月，笔者有幸前往英国格拉斯哥大学教育学院进行实地考察研究，并访谈了该院授课型硕士项目的负责人和多名教师，他们对于专业学位和实践活动的看法为本书提供了重要素材。

四、本书的逻辑

本书开篇第一章介绍了研究缘起和研究方法，提出了研究问题。当前，国内外专业学位教育蓬勃发展，且在研究生教育中的地位日益凸显，实践活动在其中起到举足轻重的作用，明确实践的内涵和价值，对推进专业学位研究生教育实践活动具有一定的理论和现实意义。

第二章是本书研究的理论基础。该章对国内外实践含义的演变进行了梳理，对本书的理论基础—知识生产模式理论进行了阐述，对专业学位和实践相关核心概念进行了界定。

第三章是专业学位研究生教育实践活动的内涵及理论框架构建。基于第二章的文献梳理，该章阐述了专业学位研究生教育实践活动的内涵，将实践活动分为认知实践、操作实践与反思实践，分析了实践活动的要素和特征，基于知识生产模式理论，构建了本书的理论研究框架。

第四章对专业学位研究生教育实践活动形式进行了探讨。

第五章对 28 个专业学位学生的访谈文本材料进行了质性研究，采取“焦点团体访谈”的形式进行了类属研究，揭示了认知实践、操作实践和反思实践在知识增长、能力提升和职业发展方面对专业学位人才培养的价值。

第六章基于问卷调查数据对实践的价值进行了实证研究，展现了各类实践的现状，分析了实践对专业学位人才培养价值的影响。多元线性回归分析研究发现，实践活动具有知识生产模式 2 的特点，实践对专业学位研究生的培养有显著的正向影响。

第七章从不同的视角对专业学位分类进行了对比实证研究，展现了不同视角下实践活动对专业学位人才培养价值的影响，即不同层次高校的对比；临床医学、法律、工程、工商管理四类专业学位的对比；两种培养模式学校代表的对比；集中实践时间的对比；校外人员参与实践活动程度的对比。

第八章是研究结论与政策建议。研究发现，专业学位具有开放性、外适性、探索性和复合性的特征。基于知识生产模式理论构建的专业学位研究生教育实践活动理论框架，展现出了不同层次实践的形式和价值，并在此基础上提出专业学位研究生教育未来发展的若干政策建议。

本书的整体研究框架如图 1－1 所示。

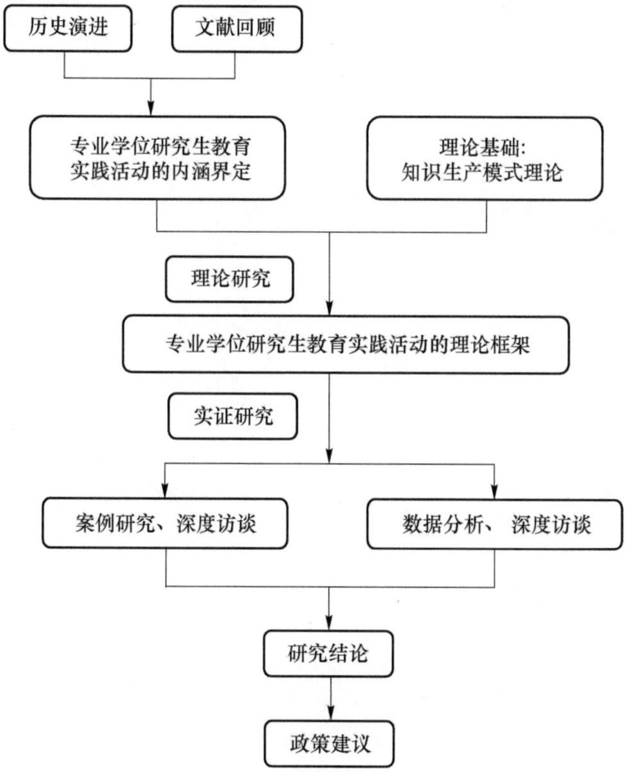

图 1－1　本书的整体研究框架

第二章

本书研究的理论基础

第一节　实践含义的历史演进

一、实践含义在国外的演变

(一) 早期“贵族的道德行动”

亚里士多德是西方实践哲学的奠基人，最先赋予实践以哲学内涵，将实践视为一个重要的哲学范畴。西方对实践思想的研究则源于他的《尼各马可伦理学》《政治学》等著作中关于实践的论述。亚里士多德认为实践的含义有以下三点。

第一，实践是人特有的行为。实践源自古希腊文 praxis 一词。在古希腊文中，praxis 是一个非常宽泛的概念，泛指一般有生命的东西的行为方式，有生命的东西既包括人、动物、植物，也包括上帝、众神、宇宙等。但亚里士多德否定了泛指的含义，认为实践专门是指人类的活动，并将人类的全部行为分为三类，即理论、生产和实践。其中，实践是指人类运用理性处理事务所获得的知识，这种知识是指人获得生存的知识。

第二，实践是以自身为目的的活动。并不是所有人的行为都属于实践范畴，亚里士多德将人的行为分为创制、实践和理论三种基本方式。按照这种划分，创制主要是指生产活动、技术活动等，创制活动是以自身之外的东西及其所生产的产品为目的的，即其目的是外在的而不在活动本身，活动本身只是一种手段，因而活动是低贱的。而实践则是指免于从事生产劳动的人处理人与人之间关系的行动，是一种以自身为目的的活动，主要指以追求正义、善等美德的伦理行动与政治行动，如道德修养的目的便是道德修养本身。所以，亚里士多德认为“实践并不是创制，创制也不是实践”[①]。实践关注的是人事，而创制的对象是物体；实践是人际的伦理和道德行为，而创制主要是指对物体的加工活动。与创制不同，理论的本性是求知，因而其自身便是目的，所以亚里士多德又常常把理论与实践划归为同一类活动。

由此可见，亚里士多德认为的实践范畴并不包括生产劳动等物质性活动，也不包括人与自然之间的活动，而主要指人与人之间的伦理行动和政治行动。理论、创制与实践这三者都归属于行动，理论是一种理性的观点，创制是以技艺为本的生产，实践是明智或智慧的、善的行动。亚里士多德对于人的行为划分如表 2－1 所列。

第三，理论思辨是实践的最高形式。亚里士多德认为，实践虽然以自身为目的，但是不能达到人类认识的普遍性，没有一条政治或者伦理可以普遍适应于人的一切

---

① 转引自丁立群. 亚里士多德的实践哲学及其现代效应[J]. 哲学研究，2005(1)：76－81.

行为。[①] 然而，人类可以通过理论的思辨或沉思达到对世界的普遍性原理的认识。

表 2-1　亚里士多德对于人的行为划分

方　式	含　义	特　点
理论	不变领域的永恒实体学问	以真理为目的，根本特征是无关功利的非实用性质
实践	善的活动，高贵的、高尚的活动	实践的思考以行为为目的
创制	技艺为本的生产	按理性和原理操作

(二) 中世纪——技术进入实践范畴

培根把实践直接等同于科学的技术化，创建了异于亚里士多德的另一种实践哲学传统，即技术实践论。培根的思想在实践内涵以及实践哲学的历史演变中，起到了非常重要的转折作用，对西方社会产生了深远影响。培根和百科全书派把工匠的各种手艺与对自然的认识和实验一起列入实践的内涵，从而使实践的含义发生了伽达默尔所说的技术化的根本改变，即由注重道德哲学转向注重自然哲学。培根所说的探究真理，是指探究自然的真理。他提出了研究自然的"新工具"，即归纳法。归纳法是经验论在科学方法上的体现，是从经验产生理论的方法。

(三) 技术实践与道德实践之争

康德是德国古典哲学先驱。在《判断力批判》的导论中，康德将近代哲学所强调的生产等反映人与自然之间关系的技术活动纳入实践的范畴。康德提出了两种实践概念的观点：人们按照自然规律认识和改造自然的实践活动，即"技术的实践"；按照自由概念的实践属于物自体领域，主要是指人们按照道德法则处理人们相互之间关系的实践活动，即"道德的实践"。他坚持必须对这两种实践进行严格区分，并且这两种实践在地位上也不是完全平等的，其中"道德的实践"才是实践的最主要形式。

实践的理性概念必然在与意志、理性、准则等概念的关系中进行界定和探讨，因为至少在康德看来，实践行为就是意志行为。简而言之，实践理性就是涉及意志行为的理性，这就是理性的实践运用与其理论运用之间的本质区别。康德把意志称为"理性的原因性"，对于康德来说，意志是唯有理性的存在者才具有的一种能力。康德进行"实践"研究意在强调自由意志的自主与自决及其客观有效性，他的实践观极大地弘扬了启蒙时代的理性主义和人道主义精神。

(四) 交往实践

哈贝马斯强调"实践性活动"与"技术性活动"的区别在于：技术性活动涉及的是

---

① 转引自邓安庆. 西方伦理学概念溯源——亚里士多德伦理学概念的实存论阐释[J]. 中国社会科学，2005(4)：73-82，207.

主体与客体的关系，而实践性活动涉及的是主体与主体的关系；技术性活动的依据是客观自然规律，因而是不可能违反的。所谓实践性活动，就是人们依据他们所承认的规则来调节行动者与行动者之间的关系，或者在更高的反思层面上对这种规则本身进行调整和修改，因此，实践性活动说到底就是交往活动。

（五）劳动进入实践的范畴

德国古典哲学的集大成者黑格尔用他的辩证法否定了道德领域的实践与技术领域的实践的二元划分，以绝对精神为基础将两种实践活动统一了起来，并且将劳动看成是实践的主要形式。实践既是目的，也是手段。在《精神现象学》中，黑格尔就分析了人类实践活动的三个基本环节，即目的、达到目的的手段以及创造出来的现实。在这里，他将劳动看成是满足主观需要的必要手段，并指出主观需要的满足是以劳动的社会性为前提的。这些成果直接构成了马克思实践哲学的理论来源。黑格尔认为，人类实践包括生产、技术活动，真正的人是他自己劳动的结果。[①] 在黑格尔哲学中，实践不再与生产劳动或技术（工艺）活动相对，而是包括生产劳动和技术活动。人类实践具有“目的性”，自由是人类实践的根本目的。人类实践是一种有中介的活动，而目的通过手段与客观性相结合，并且在客观性中与自身相结合。黑格尔实践观是马克思实践观的最重要、最直接的理论来源。

马克思创立了科学实践观，首先，马克思把实践看成是改造客观世界与改造人自身的有机统一体，从而在内容上实现了对旧唯物主义实践观的超越，建立了科学实践观。其次，马克思把物质资料生产当作最基本的实践活动，并且是其他实践活动的基础，这就奠定了马克思实践观的理论源点。在马克思看来，劳动（即实践）创造了人，人生存与发展的第一个前提就是物质资料的生产，最初的人与人之间的社会关系、人的意识也在这个前提下产生。[②] 马克思主义者认为人类的生产活动是最基本的实践活动，是决定其他一切活动的东西。在马克思的思想论述中，劳动、实践和生产等概念是交替出现的，从中我们可以感受到马克思主义实践观的深刻意蕴，即实践重点指向劳动，劳动进入实践范畴。在这里，实践的概念又是从人对自然的关系和人对社会的关系中概括出来的，也就是说，实践是联系人和自然、人和社会的桥梁和纽带。

马克思之前的哲学家没有能够对“行”或“实践”做出科学的解释，没有抓住它的本质特征，而是把“实践”说成是离开人的社会性、离开人的历史发展，将之规定为抽象的个人活动。马克思创立了科学主义实践观，认为劳动就是实践，人们的社会生活

---

① 转引自欧阳康，张明仓．实践唯物主义的萌芽：黑格尔实践观及其意义［J］．江海学刊，2008(5)：35－41．

② 转引自庞红付．马克思实践观的逻辑演进——从《提纲》“实践”到《形态》“物质生产”［J］．社会科学家，2014(6)：15－18．

就是实践。

（六）实践范畴扩大到生活

美国教育家、哲学家杜威提出实用主义教育观。实用主义的英文为pragmatism，源于prama（行为、行动），实用主义是一种强调实践和行动的哲学。实用主义从人的行动出发，探讨与人的行动有关的问题。人不仅仅是思考者，更是行动者。杜威的哲学有经验自然主义、工具主义、实验主义等不同的名称，也有存在论、真理论、方法论、政治理论、教育理论、美学、伦理学、社会学等不同方面的理论。贯穿于所有这些名称和理论中的则是行动、活动、行为、生活、生命和探究（探索）的决定性作用，而这些在他那里都是实践的别称。

行动学习法，又称“干中学”，1965 年由英国学者首先提出。该方法强调学生要组织学习团队，采取“学习知识—分享经验—创造性地研究解决问题—展开实际行动”四位一体的循环学习方式。[①] 行动学习法是“做中学”与“反思中学”的结合。实际问题、学习小组、反思质疑、采取行动、学习承诺以及学习促进者是行动学习的基本要素。行动学习法的步骤分以下几步：首先，组成学习团队，由团队成员直接提出自己在实际工作中需要解决的问题；其次，问题一旦获得阶段性的确认，就开始设计解决方案；最后，各团队将自己的解决方案与其成员共同研讨，选择一个满意的方案并付诸实施。行动学习是一种目的性、组织性很强，以问题为导向的实践活动。

国外哲学家代表人物关于实践思想的主要观点如表 2-2 所列。

表 2-2 国外哲学家代表人物的实践思想

代表人物	国 家	主要思想
亚里士多德	希腊	美德实践（伦理行动、道德修养）
培根	英国	技术实践
康德	德国	意志（道德）实践
哈贝马斯	德国	交往实践
黑格尔	德国	劳动实践
马克思	德国	劳动实践
杜威	美国	生活实践

通过对国外文献的梳理可以了解实践含义的变迁。实践最开始是哲学范畴的概念，实践的主体经历了由亚里士多德时代的贵族到现代的大众的变迁，实践的内涵最开始是指道德活动，之后，技术、生产、交往等不断进入实践范畴，由特指成为泛指，实践的内涵越来越丰富。亚里士多德把理论看成是最高层次的实践，认为实践是贵族

---

① 孟焰，袁淳，刘俊勇，等. 以行动学习为主线 培养知行合一的高级会计实务人才——中央财经大学培养会计硕士专业学位研究生的实践[J]. 学位与研究生教育，2013(12)：12-16.

的政治和道德活动；培根认为功用是实践的根本属性，科学和技术的价值大于伦理学和道德学的价值，导致实践与日常活动的界限逐渐模糊，实践概念逐渐泛化；康德提出了两种实践概念的观点，指出“道德实践”才是实践的最主要形式；哈贝马斯认为实践活动说到底就是交往活动，是人类特有的存在方式和活动方式；黑格尔认为人类实践包括生产劳动、技术活动，真正的人是自己劳动的结果；马克思把实践看作改造客观世界与改造人自身的有机统一体；杜威认为与人的行动有关的问题都可以被视为实践。

二、实践含义在国内的演变及述评

《现代汉语词典》(第7版)对实践的解释是：① 实行(自己的主张)；履行(自己的诺言)。② 人们有意识地从事改造自然和改造社会的活动。[①] 在中国哲学史上，“实践”一词首见于宋代吴泳《鹤林集·上邹都大夫书》中的“实践真知，见于有政”之句。

中国古代思想家关于“实践”的观点，多见于“知”与“行”关系的讨论中。

孔子是我国第一位探讨知与行问题的思想家。他认为“生而知之者，上也学而知之者，次也困而学之，又其次也困而不学，民斯为下矣”[②]。孔子将知与行分离，认为“学”在行中，并以知识为标准把人划分为若干等级，提出了知和行的界限。

继孔子之后，儒家学派的另一位重要人物就是战国时期的教育家孟子。孟子的知先行后认识论是通过性善论来说明的，他认为尊长爱幼是人类的天赋本性，并且把这种天赋本性叫作“良知”“良能”。把“仁”“义”等道德观念的来源归结为人类的本能，从马克思主义的视角来审视，这是典型的唯心主义先验道德论。

战国时期著名思想家荀子提出了行高于知的见解。他强调行比知具有更为重要的地位，如“君子博学而日参省乎己，则知明而行无过矣”[③]。

墨家的代表人物墨子的知行观，是以感觉经验为知的唯一来源和认识真理性的标准的。他说“士虽有学而行为本”，强调学以致用；认为“天下之所以察知有与无之道者，必以众之耳目之实知有与亡为仪者也”[④]。这就是说，一切知识都来源于耳、目等感觉器官对外界事务“闻之见之”的直接感觉经验，只有此类知识才是可以信赖的、最真实可靠的。

宋代著名的思想家、教育家朱熹也探讨了“知”与“行”的关系，他认为知先行后，行重知轻。从知识来源上说，知在先；从社会效果上看，行为重。

明代心学集大成者王阳明提出了“知行合一”说。他认为知行“不离并进”，“知是

---

① 中国社会科学院语言研究所词典编辑室. 现代汉语词典[M]. 7版. 北京：商务印书馆，2016：1185.

② 论语[M]. 杨伯峻，杨逢斌，注译. 长沙：岳麓书社，2000：161.

③ 荀子简注·劝学[M]. 章诗同，注. 上海：上海人民出版社，1974：1.

④ 墨子·明鬼下[M]. 何长久，译注. 西宁：青海人民出版社，2002：112.

行的主意，行是知的工夫，知是行之始，行是知之成。圣学只一个功夫，知行不可分作两事”[①]。这强调了知的主导地位，同时又肯定了知行的同一、统一、不可分离的关系。所以在他看来，知和行都是良知、良能的本体体现。由此可见，王阳明认为行合于知，就是说人的意念一经发生，都必须符合良知、良能的本性，而这种“符合”就叫作“知行合一”。很显然，王阳明的“知行合一”说与马克思主义的实践观是性质根本不同的两码事，但其肯定“知与行”是一种相互对立而又包含的对立统一关系，强调了“行是知之成”，即承认知对行的指导作用，反对知行分离等。这些都是有价值且极具光辉的思想内容。

明末清初的著名思想家王夫之探索了主体的认知对象与客体世界的关系。他认为，人们认知的产生必须具备三个条件，即“行也，神也，物也，三相遇而知觉乃发”[②]。主观的感觉器官的“形”、思维活动的“神”和客体事物相结合，然后产生认知。王夫之建立了以行为基础的“知行统一”的观念，认为知与行既相互区别，又相互融合。

自 1840 年鸦片战争后，魏源、严复、谭嗣同、章太炎等为救国救民向西方国家寻求真理，客观上也促进了中国近代哲学的发展，为中国近代伟大的民主革命先行者孙中山建立比较完备的朴素辩证知行观奠定了思想基础。孙中山明确地提出了“先有事实，才发生言论”的最根本的观点。[③] 关于“行”的内容和作用的问题，孙中山也突破了他之前的哲学家的见解。孙中山所谓的“行”，不仅仅是指道德义理的践行、实践，更包括了生产活动、科学实验和民主主义革命活动。把科学实验和民主主义革命活动作为“行”的主要内容，就突破了之前哲学家对“行”的狭隘理解。同时，他又明确表示“行”也是认识的标准和认识的目的，这也是孙中山对中国哲学史上知行观的重要贡献。

伟大的无产阶级革命家毛泽东结合中国国情，融合中国传统哲学的知行观和马克思主义哲学，创作出了具有划时代意义的著作《实践论》。在《实践论》中，毛泽东提出：马克思主义者认为人类的生产活动是最基本的实践活动，是决定其他一切活动的东西。人的社会实践，不限于生产活动一种形式，还有多种其他的形式，如阶级斗争、政治生活、科学和艺术等活动。[④] 实践—认识—再实践—再认识，循环往复以至无穷，而实践和认识的每一次循环的内容，都较上一循环程度更高。这就是辩证唯物论的全部认识论，这就是辩证唯物论的知行统一观。

中国现代教育史上伟大的人民教育家陶行知先生的生活教育理论是在对“知行合一”的批判与继承中发展而来的。陶行知的教育价值观奉行“实践第一”“以行优先”“教学做合一”“工学团一体”，认为生活即教育，生活与教育不分离，社会与学校不分家，教育不能脱离社会实践，更不能脱离人的正常生活。《行知行》一文总结了陶行

① 王阳明. 传习录(上)[M]. 广州：广州出版社，2004：28.

② 王夫之. 张子正蒙注(卷一)[M]. 上海：上海古籍出版社，1956：18.

③ 孙中山. 孙中山选集[M]. 北京：人民出版社，2011：638.

④ 毛泽东. 毛泽东选集(第 1 卷)[M]. 北京：人民出版社，1991：282 - 283.

知的认识论:知识来自实践,试验是获得知识的方式,试验要有目的、有计划、有组织、有步骤、有创意,获得的知识要用于指导实践。此外,陶行知的教育价值观还注重教育技能的培养,如在工学团中教育学生从事生产、造林、园艺、基本手工、农活等,以做到手到心到,行动优先,注重学生的动手能力以及获得改造生活的技能。做学问之方法,重在试验与行动。

两千多年来,我国著名思想家、教育家对知与行的关系进行了广泛的探讨,不论他们的哲学倾向如何,他们都承认知和行是有关系的,只是在孰轻孰重、孰先孰后的问题上存在分歧,如表 2-3 所列。

表 2-3　我国著名思想家、教育家关于知和行的代表观点

代表人物	知的含义及重点	行的含义	主要观点	世界观
孔子	知识(古代文化典籍)	按照统治阶级的指示去做	知行分离、学在行中	唯心主义基调
孟子	知识和才能(通过内心的自省,去认识自己的先天本性)	实现个人先天道德原则的活动	知行分离、知先行后	唯心主义先验道德论,实践被排除在认识论之外
荀子	认识(感官、感觉是认识的基础)	人的生活行为和伦理道德修养	行高于知、知指导行	唯物主义
墨子	认识(感觉经验为知的唯一来源)	—	感性认识与理性认识的统一	唯物主义
朱熹	认识(自然现象、社会现象)	践行封建伦理道德义理	知先行后,行重知轻	客观唯心主义
王阳明	知行本体即良知、良能	在人的主观范围内的观念活动	知行合一	主观唯心主义
王夫之	认识的来源(感觉器官、思维活动、客体事物)	应事接物的日常生活行为的范围	行是知的基础	朴素唯物主义
孙中山	自然科学知识和资产阶级社会革命理论知识	生产活动、科学实验和民主主义革命活动	行先知后	朴素辩证的知行统一观
毛泽东	—	生产活动、阶级斗争,政治生活,科学和艺术的活动	实践和认识循环往复	唯物主义
陶行知	知识是生活的工具(行是知识的来源)	生活、劳动	先行后知,知指导行	辩证唯物论的知行统一观

第二节 专业学位教育中的实践活动

一、国外专业学位实践活动述评

在现代专业教育中，学者对实践的研究有几个方面。首先，实践是什么。有学者指出，实践是有组织的活动，实践的目的是与理论结合发展学生的职业能力；实践可以通过指导、小组讨论或写作的方式围绕特定有序的任务进行，并应该与有经验的实践人员合作；实践的结构特征，包括支撑实践的资源与实践的情境。① Simpson 和 Jackson 指出，实践基地能够使学生在一个真实的环境中学习，丰富学生的知识。② 一些学者基于案例研究项目中的实践，将实践视为通往职业经验和知识的桥梁，通过实践培训来满足学生未来职业发展的需求。③

其次，实践的重要性。美国有学者通过对 15 名研究生的深度访问，发现来自医学学术教育机构的硕士生倾向于学术造诣的培养，而来自护理专业的硕士生更注重实践。由此得出结论：护理专业的硕士教育应该更加注重实践，做知识渊博的实干家是不合理的。实际上，护理专业的硕士生不太可能兼具学术与实践。④ 巴伦德认为，在全球化的环境中，传统的在教室中进行企业管理教育的方法已经过时了，真正的学习应该是到实践中去，学校师生与实践基地的专业人员构成团队，这样才能及时进行理论学习和弥补模拟实践学习的不足。⑤

最后，实践的有效性。美国有学者提出，公共卫生专业硕士生的培养应包含 250 个小时的社区实习要求，以把他们学到的理论知识应用到公共健康实践中。他们指出，学生的实习在连接课堂与社区方面发挥着重要作用，并为二者之间的进一步合作

① Bines H. Issues in course design. In：Bines H，Watson D. Developing Professional Education[M]. Buckingham：SRHE and Open University Press，1992：11－27.

② Simpson D，Jackson C. A professional development scheme in a sandwich course：The case of computing. In：Bourner T，Katz T，Watson D. New Directions in Professional Higher Education[M]. Buckingham：SRHE and Open University Press，2000：162－166.

③ Glenny G，Hickling E. Designing the practicum in teacher education. In：Bines H，Watson D. Developing Professional Education [M]. Buckingham：SRHE and Open University Press，1992：40－47.

④ Thompson J B，Edwards H M，Hardy C J. Providing masters level computing students with real－life learning experiences via capstone projects[J]. Information and Communication Technologies and Real－Life Learning，2005(182)：231－242.

⑤ 转引自 Berends P，Glunk U，Wüster J. Personal mastery in management education：A case description of a personal development trajectory in graduate education[J]. Advances in Business Education and Training，2005(1)：117－128.

奠定了基础。[①] 美国学者 McDougle 等采用描述性统计和定性研究方法，对 10 名学生和 10 位教师进行了两次访谈，得出如下结论：参与实践既使学生感觉拥有了更大的独立性和额外的任务，也使教师意识到了实践教学的益处。学生和教师一致认为，硕士阶段的实践教育改革将会促进护理专业质量的提高。[②] 美国学者 Leffingwell 和 Collins 通过对健康护理专业硕士生职业体验实践进行调查发现，对儿童心理健康的护理的重要性不亚于对他们身体健康的护理，因此，那些开设了护理心理学系列课程的学校的硕士生，比没有开设此类课程的学校的硕士生，在护理实践中会取得更好的效果。[③] 学者对教育学意义上的"实践"的认识正在不断深化。舍恩指出，"从科技理性的视角来看，专业实践是一个问题解决的过程……但这种对问题解决的强调，却使我们忽视了问题的设定正是通过厘清问题的情境，我们才能确定自己作出的决定是什么、要达成的目标是什么以及可选择的方法有哪些"。实践情境有不断变化的特质，专业实践者必须具备"从问题情境中建构出一个'可处置的问题'的能力"。基于行动科学理论，舍恩认为实践是"行动中的反映"，"当人们在行动中反映时，他便成为实践脉络中的一位研究者"。[④]

二、国内专业学位实践活动述评

在中国知网上对 2000—2018 年关键词为"专业学位"和"实践"的学术文献进行检索发现，刊文的权威期刊主要集中在《学位与研究生教育》《研究生教育研究》上，其中《学位与研究生教育》共刊文 81 篇，《研究生教育研究》共刊文 26 篇。2009 年以前，有关专业学位和实践的文章较少，每年不超过 20 篇，CSSCI[⑤] 来源期刊上的有关文章更是凤毛麟角。2009 年以后，由于全日制专业学位研究生的扩招，学者对专业学位教育中实践的研究明显增多。2012 年开始有关专业学位教育中实践的发文量呈快速增长态势，2013 年以后每年有关文章均超过 100 篇，2017 年更是达到历史最高的 318 篇。2017 年，仅《学位与研究生教育》就刊文 10 篇，可见，实践已逐渐成为专业学位领域研究的热点和焦点。

---

① Imperato P J, LaRosa J H, Schechter L. The development of a master of public health program with an initial focus on urban and immigrant health at the state university of New York, downstate medical center[J]. Journal of Community Health, 2005(30): 417 - 449.

② McDougle L, Mavis B E, Jeffe D B, et al. Academic and professional career outcomes of medical school graduates who failed USMLE step 1 on the first attempt[J]. Advances in Health Sciences Education, 2013(4): 279 - 289.

③ Leffingwell T R, Collins F L. Graduate training in evidence - based practice in psychology[J]. Clinical Child Psychology, 2008(3): 551 - 568.

④ 唐纳德·A. 舍恩. 反映的实践者：专业工作者如何在行动中思考[M]. 夏林清译. 北京：教育科学出版社，2008：55.

⑤ 中文社会科学引文索引(Chinese Social Sciences Citation Index，CSSCI).

(一) 实践能力

张东海指出，在实践能力培养过程中，教师教学的实践性、校内导师的指导以及专业实践的效果是最重要的影响因素。① 王崇敏等梳理了海南大学在法律硕士专业学位研究生实践能力培养中的主要做法和措施。② 曹雷和才德昊提出了基于课程学习、导师指导、实践活动和学位论文等四大因素的专业学位研究生实践能力影响因素模型。③ 林莉萍基于实证研究，提炼出了专业学位研究生实践能力结构的 27 项基本要素。④ 杜艳秋等基于利益相关者的深度访谈，总结归纳出了专业学位研究生培养的能力需求框架。⑤ 向兴华等通过质性研究发现，实践动机、一般实践能力、专业实践能力、情境实践能力是全日制专业学位硕士研究生实践能力缺一不可的 4 个维度。⑥

(二) 实践教学

实践教学在课程方面将专业学位的特色凸显出来，有关研究已有较多。林炎志等通过对企业实际需求的研究，建立了一种新型的以能力、项目、问题和缄默知识为导向的专业学位研究生培养模式。⑦ 杜尚荣等通过对实践指向性教学模式进行深入分析和研究，提出了构建该模式的逻辑意蕴和基本路径等。⑧ 马宁和王燕凤对专业学位实践教学蕴含的内涵进行了阐述，并从 7 个方面探索了如何构建一个系统有效的工程硕士实践教学培养体系。⑨ 王干等阐述了建构主义理论视角下实践教学的核心观点及构建实践教学体系的基本原则，并结合扬州大学的改革实例，探讨了构建全日制工程硕士生实践教学体系的各项措施。⑩

---

① 张东海. 专业学位研究生实践能力培养体系及其成效研究——基于传统研究生院高校的调查[J]. 中国高教研究，2017(6)：82－89.

② 王崇敏，刁晓平，邓和军，等. 全日制法律硕士专业学位研究生实践能力培养体系的构建与实践——以海南大学为例[J]. 学位与研究生教育，2014(1)：15－19.

③ 曹雷，才德昊. 全过程与系统化：专业学位研究生实践能力提升的有效路径探析[J]. 中国高教研究，2018(1)：87－91，97.

④ 林莉萍. 专业学位研究生实践能力结构研究[J]. 现代教育管理，2013(8)：99－103.

⑤ 杜艳秋，李莞荷，王顶明. 全日制专业学位研究生实践教学存在的问题与对策——基于专家访谈结果的实证分析[J]. 研究生教育研究，2017(2)：69－74.

⑥ 向兴华，李晴虹，刘捷. 全日制专业学位硕士研究生实践能力结构的质性研究[J]. 学位与研究生教育，2016(3)：62－68.

⑦ 林炎志，徐旭雁，李仙，等. 全日制专业学位研究生实践能力培养模式的探索——以广东顺德工业设计研究院模式为例[J]. 学位与研究生教育，2017(3)：31－36.

⑧ 杜尚荣，施贵菊，朱毅. 专业学位研究生培养的实践指向性教学模式建构研究[J]. 研究生教育研究，2017(1)：78－82，92.

⑨ 马宁，王燕凤. 全日制工程硕士专业学位研究生培养的实践教学探索[J]. 教育教学论坛，2017(5)：226－228.

⑩ 王干，刁国旺，薛怀国，等. 建构主义理论视角下全日制工程硕士生实践教学体系的构建——以扬州大学为例[J]. 学位与研究生教育，2016(2)：17－22.

（三）校企合作

校企合作为政府教育部门大力提倡，在实际人才培养过程中也取得了一定的成绩，一直是研究的热点，其中部分研究以某校具体案例介绍的形式展开。例如，沈金荣和张静辉以江苏某高校研究生工作站为例，在应用利益相关者理论分析校企协同培养的核心利益主体的基础上，提出了协同培养的制度体系、多渠道经费投入机制和利益保障机制等。[①] 王家华和王瑞以南京审计学院为例，提出了以高校、政府、企业以及科研院所联合培养金融硕士的人才培养模式，包括校政企研合作开发建设校内仿真实验教学平台、合作建立金融研究中心、合作建立金融研究生实习实践基地、采用“两阶段”“双导师”制联合培养金融研究生等。[②]

（四）实践基地

实践基地的提出是我国专业学位发展过程中的创新和突破，在有能力和资源的地区，已形成各级（院级、校级）、各层次（一般、优秀、示范）的实践基地，实践基地的研究成为近年的热点，主要聚焦在实践基地的建设路径上。马永红等研究了 28 个工程硕士示范培养基地的现状和特色，并分析了其提供的启示和可借鉴的经验。[③] 赵晓祥等研究了如何突破校企联合实践基地的局限性。[④] 李瑞丽等提出了转变教育观念、优化结构和布局、加强双导师队伍建设、构建校企联合培养机制、国家给予政策支持等建议，以期为全日制硕士专业学位研究生校外实践基地建设提供可行的思路和对策。[⑤] 林桂娟等介绍了南京农业大学养殖领域专业学位研究生实践基地的建设，探索了与企业联合申报研究生工作站、合作开展科技研究、联合办班培养研究生或为企业订单式培养研究生等模式，对实践基地建设中存在的问题进行了破解。[⑥]

（五）实践评价

目前，国内有关如何评价专业学位研究生教育中的实践活动还处于探索阶段，这

---

① 沈金荣，张静辉．专业学位研究生校企协同培养机制构建及实践研究[J]．研究生教育研究，2016(2)：80－84.

② 王家华，王瑞．校政企研联合培养金融硕士模式创新与策略研究——以南京审计学院为例[J]．研究生教育研究，2016(1)：80－85.

③ 马永红，张乐，高彦芳，等．我国工程硕士联合培养实践基地状况分析——基于 28 个工程硕士示范基地[J]．学位与研究生教育，2016(4)：7－11.

④ 赵晓祥，杨再福，宋新山．校企联合实践基地建设对全日制专业学位硕士培养的探讨[J]．大学教育，2013(23)：45－46.

⑤ 李瑞丽，路方平，王洪峰．全日制硕士专业学位研究生校外实践基地建设的现状与思考[J]．兰州教育学院学报，2018，34(4)：73－74，77.

⑥ 林桂娟，於朝梅，王恬．专业学位研究生实践基地建设模式研究[J]．中国农业教育，2012(1)：50－52，96.

方面的研究比较少，已有研究以医学、工程专业学位为主。唐小璐和牟绍玉通过文献查阅和半结构访谈建立条目池，运用德尔菲法对22名护理专家进行了两轮问卷咨询，由此构建了护理硕士专业学位研究生临床实践能力评价指标体系。① 刘瑛通过对比分析三届临床医学专业学位硕士研究生临床能力考核评价体系的实践效果，科学、客观地评价了临床医学专业学位硕士研究生临床综合能力考核评价环节中存在的问题与不足，并探讨了改进措施。② 孔凡文等从实践能力需求分析、实习实践评价考核体系应用与验证等方面研究了全日制专业学位研究生实习实践评价考核体系的主要内容和技术路线，并对全日制专业学位研究生实习实践评价考核体系研究方案进行了具体设计。③

以上研究的共同之处在于，普遍重视实践在专业学位研究生教育中的作用和重要地位，从实践教学措施、实践基地建设、实践能力提升等方面探索和讨论了如何发展专业学位；将实践作为专业学位研究生教育中与课程学习、撰写学位论文并列的一个培养环节，产学研合作的理念深入其中，特别是实践基地的建设强调外界利益相关者的支持和合作。然而，关于实践效果的评估评价很少，实证研究几乎没有。

三、既有研究的局限

（一）缺乏从实践活动整体视角进行的研究

已有研究基本将实践作为专业学位研究生教育中的一个培养环节，重点研究实践教学中的教学方法和手段。而有关实践基地的研究基本上认为专业实践是培养中的一个环节，将对实践的评价等同于对实践环节的评价，并将课程、实践与学位论文三者并列起来，这种实践即通常所称的实习。实际上，通过本书对实践含义的梳理发现，实践的含义十分丰富，课程学习与撰写学位论文也可以被归为实践活动。将课程学习、专业实践与撰写学位论文均认为是实践活动而进行整体研究的研究还未出现。

（二）缺乏体现实践活动价值的研究

研究者高度认可实践对人才培养目标实现的重要性，从不同的路径如校企合作、实践基地建设、实践教学等论述了应该如何开展实践活动，并提出了政策建议。但是

① 唐小璐，牟绍玉. 护理硕士专业学位研究生临床实践能力评价体系的构建[J]. 中华护理教育，2014(9)：650－654.

② 刘瑛. 临床医学专业学位硕士研究生临床能力考核评价体系的构建与实践研究[J]. 中国卫生事业管理，2014(3)：216－218.

③ 孔凡文，常春光，周秀丽. 全日制专业学位研究生实习实践评价考核体系研究设想——以建筑与土木工程领域为例[J]. 教育现代化，2017(1)：71－74.

对于实践是如何对人才培养目标产生影响的这方面研究还十分匮乏，如不同形式的实践应怎样体现及其对人才培养价值的影响是否存在差异，而国外有检测实践有效性的文章。

第三节　理论基础——知识生产模式理论

在高等教育贵族化和精英化阶段，知识为少数社会精英所垄断，到了 20 世纪 60 年代，随着高等教育大众化浪潮的到来，这种情况发生了根本性的变化。由于市场力量逐步渗透到知识生产中，知识与实际应用的关系也越加密切，大学参与到社会发展中来。专业学位研究生教育作为教育体系的重要组成部分，自然也是知识生产体系的重要环节，知识生产模式的转型也必然会影响到专业学位研究生教育的培养过程，专业学位研究生教育在一定程度上回应了知识生产模式的转型。

传统单一学科的知识生产模式为知识生产模式 1，该模式旨在以一个单一的术语来概括知识生产所必须遵循的认知和社会规范，知识主要限定于学术共同体中，也被称作传统知识。其传统性表现为单一学科性、学术性、同行评议和等级性。很多情况下，知识生产模式 1 等同于科学。

吉本斯等提出了知识生产模式 2，是指发生于应用语境、以解决特定问题为目标、具有跨学科性质的知识生产方式，强调应用语境下多学科融合和跨学科的知识生产模式。其主要特点是基础与应用之间、理论与实践之间的不断交互，强调科学与社会之间的紧密交互的联结，由学术界以外的需求或问题（如对社会和经济的关注）所驱动。[①] 与知识生产模式 1 相比，该模式研究的机制变得更加开放、灵活和富有社会责任。知识生产模式 2 的特征包含以下几点：①知识生产主体和场地的多样性。社会各个群体，如企业、咨询机构、政府部门都出于自身的需要参与知识的生产过程。②应用情景中的知识生产。该模式下生产的知识应当对企业、政府或者更广范围的组织有用，并且这种要求从知识生产一开始便存在。应用语境是指提出问题、完善方法、推广和使用成果的整个环境，知识始终面临不断的谈判、协商，直到各个参与者的利益被兼顾，并体现对各方的应用价值。③组织的异质性与多样性。在该模式中，除了大学之外，知识生产的场所大大增加，不同知识生产场所之间的联系方式多种多样，呈现出弥散性。④跨学科或超学科的方式。该方式意味着用来解决实际问题的一系列理论观点和实践方法的移动和整合，与多学科方式不同，不一定源自预先存在的学科。⑤社会问责与知识生产的反思性。由于知识弥散于社会中，知识的生产便直接关系到公众的利益。⑥知识的弥散。知识生产扩展和应

---

① 迈克尔·吉本斯，卡米耶·利摩日，黑尔佳·诺沃提尼，等. 知识生产的新模式：当代社会科学与研究的动力学[M]. 陈洪捷，沈文钦，译. 北京：北京大学出版社，2011：3－8.

用到不同情境，知识生产已经开始在整个社会扩散。⑦新形式的质量控制。传统的同行评议不再能满足需求，不同范围的学术兴趣以及社会、经济或政治兴趣的应用情景为该模式增加了新的质量标准，该模式将采用一种更为综合的、多维度的质量控制方式。

在经济全球化和本土化的冲突中，依据知识生产模式1和模式2的逻辑演变规律，以卡拉雅尼斯等为代表的西方学者共同阐述了"知识生产模式3"这一概念和思想。知识生产模式3以解决全球重大问题为目的，以各阶段、各类型问题组成的问题域为支点，以所需知识所代表的学科组成知识域作为知识储备和内在动力展开研究，其核心概念是"集群"和"网络"。集群主要包括地域(空间)集群、部门集群和知识集群。其中地域集群主要指某一地域或空间中相近或相邻的组织联合体，旨在加强更广地域范围内各要素之间隐性知识的传播和交流。部门集群是指知识生产、散播和应用过程中不同大学、企业、科研院所，以及其他利益相关组织之间构成的跨部门联合体，旨在培育和支撑某种"知识文化"的发展。[①] 知识集群是指一种专门的知识创新组织联合体，具有能够同时满足具有相互依赖性的利益双方需求的属性。网络既可将知识生产和应用的不同模式相整合，也可将社会不同层次系统和部门相联系。

国内学者对知识生产模式概念的引入及思考。自2011年北京大学陈洪捷等将吉本斯所著的《知识生产的新模式：当代社会科学与研究的动力学》翻译出版后，国内快速兴起对知识生产模式的研究。陈洪捷研究了知识生产模式的转变与博士高质量培养的问题。[②] 文东茅和沈文钦提供了一个反思教育研究中知识生产模式转型案例及其启示。[③] 曹珊侧重研究了知识生产模式转型对我国高等教育改革的影响和启示。[④] 武学超则率先将知识生产模式3的概念引入国内。[⑤]

本书认为知识生产模式1、模式2、模式3并存，传统基础性、原理性学科的发展仍然遵循知识生产模式1，多学科、交叉学科的发展遵循知识生产模式2，复杂问题、集群性或全球问题遵循知识生产模式3，在知识生产实践中，三种知识生产模式会因为不同种类知识在不同产业、不同领域的使用而在相当长时间内保持共存。三种知识生产模式的对比如表2-4所列。

---

① 武学超. 模式3知识生产的理论阐述——内涵、情境、特质与大学向度[J]. 科学学研究，2014，32(9)：1297-1305.

② 陈洪捷. 知识生产模式的转变与博士质量的危机[J]. 高等教育研究，2010，31(1)：57-63.

③ 文东茅，沈文钦. 知识生产的模式Ⅱ与教育研究——北京大学教育学院的案例分析[J]. 北京大学教育评论，2010(4)：65-74.

④ 曹珊. 知识生产模式转型与中国高等教育的改革[J]. 牡丹江师范学院学报(哲学社会科学版)，2014(1)：140-142.

⑤ 武学超. 模式3知识生产的理论阐述——内涵、情境、特质与大学向度[J]. 科学学研究，2014，32(9)：1297-1305.

表 2-4　知识生产模式 1、模式 2 与模式 3 的对比

对比内容	模式 1	模式 2	模式 3
参与者	学术共同体	范围更广，临时性的、混杂的从业者	（知识创新组织联合体）国际化视野的参与者
问题处理	按照特定学科的操作规则（缺少实用目的）	围绕特定应用情景（实用性）	复杂问题、集群性实际问题
知识传播形式	体制（正式渠道）	参与到生产过程中的人（正式渠道与非正式渠道）	流动的、生长的、集群的
知识生产的形式	基于学科	跨学科（超学科）	生态系统知识域
组织形式	等级制	异质性的	异质性的
质量控制方式	同行评价	标准宽泛（评价体系的社会构成更广泛）	更加广泛的社会系统

第四节　相关概念界定

一、专业学位

"专业"一词对应的英语为 profession，表示声明或者宣誓的行为与事实，意味着职业的从业者对某些事务具有较他人更多的知识。① 国外对专业的核心或属性已有较多研究，代表观点有以下几种：长期的、专门的和智力上的培训，需要具备专业技能，提供专业服务但不以营利为目的，有水平高低之分，有其伦理规章等②；应具备基本的心智活动、专门化的知识体系、长时间的专业训练、持续的专业成长等 8 条标准③；基于专业知识而不只是常规知识的学习，信奉利他主义，并且有严格的内部组织等④；持续的专业训练、专业的知识领域、超越利益的专业服务，以及具有伦理规范

① Hughes E C. On Work, Race, and the Sociological Imagination[M]. Chicago: University of Chicago Press, 1994: 5.

② Carr-Saunders A M, Wilson P A. The Profession[M]. Oxford: Clarendon Press, 1933: 284-289.

③ National Education Association. Division of Field Service: The Yardstick of a Profession[M]. Washington: Institutes on Professional and Public Relations, 1948: 8.

④ Becker S H. The nature of profession//Nelson BH. Education for the Professions[M]. Chicago: University of Chicago Press, 1962: 28.

和专业资格的限制[①]；专业还要有客观的、理智的、利他的目的，专业是一种等级、一种地位[②]。

通过对上述文献的梳理和研究，专业的特征可以从知识层面、社会地位、组织层面、道德层面和最终目的 5 个方面予以概括，如表 2－5 所列。

表 2－5　专业的层面及特征

层　面	特　征
知识层面	系统性、专门性
社会地位	标准权威性、等级、地位的象征
组织层面	专业协会
道德层面	伦理规章
最终目的	社会服务

以“专业学位”为主题或关键词在 EBSCO 主页检索发现，主要是针对美国的 FPD 和专业学位项目进行的研究，将专业学位教育作为一种学位类型而进行的研究寥寥无几。在加入“master”进行检索后发现，文献以专业学位项目居多，如工程项目、医学、MBA 等，检索出来的文章多是关于专业认同(professional identity)、专业发展(professional development)、职业行为(professional behavior)、专业领域(professional fields)、专业实习(professional practice)、专业课程(professional curriculum)、专业教育(professional education)等的。

造成这种现象的原因可能有两方面：一是学者在研究的时候并没有将专业学位作为一种独立的教育类型和其他的学位类型区别开来，国外的专业学位的含义与我国的专业学位并不相同；二是不同学科背景的研究者大多是站在本学科领域的角度研究相应学科的专业学位问题的。

国外机构和学者从宏观层面研究专业学位问题的相对较少，多数研究偏向某一具体的学科专业学位。例如，有研究人员就某公共管理硕士项目做了一个长达 7 年的跟踪实验，来研究学生的入学考核问题，结果表明，在充分考虑申请者的工作经验的基础上对其进行综合评判，如此录取的学生在校期间将会取得更高的成绩。[③] 有学者通过问卷调查的方式，为美国的物理学专业学位项目制定了一个较为系统的评价标准。[④] 这些研究都具体到某一学科的实际问题层面，反映了这些学者重视实践

---

① 季诚钧. 试论大学专业教育与通识教育的关系[J]. 中国高教研究，2002(03)：48－50.

② 亚伯拉罕·弗莱克斯纳. 现代大学论——美英德大学研究[M]. 徐辉，陈晓菲，译. 杭州：浙江教育出版社，2001：25.

③ Deadrick D L, Gibson P A. An examination of the research－practice gap in HR: Comparing topics of interest to HR academics and HR professionals[J]. Human Resource Management Review, 2007, 17(2): 131－139.

④ Stephen H. The professional doctorate and the PhD: Converging or diverging lines[R]. A Presentation to the Annual Conference of SRHE. University of Leicester, 2000(12): 21.

的研究态度，也有利于深化研究内容。

国内对“专业学位”的概念或定义最具代表性的则属《学位与研究生教育大辞典》中的解释，其认为“学位类型之一，亦称职业学位。专业或职业学位与学术学位在培养目标、教学方法、授予学位的标准和要求等方面均有所差异。授予专业学位的要求一般是：通过高水平的专业训练从而达到一定的水平，具有从事某种专门职业业务工作的能力，并掌握扎实的专业理论知识”①。2010 年，《硕士、博士专业学位研究生教育发展总体方案》提出，专业学位是随着现代科技与社会的快速发展，针对社会特定职业领域的需要，培养具有较强的专业能力和职业素养、能够创造性地从事实际工作的高层次应用型专门人才而设置的一种学位类型。因此，专业学位教育的最核心任务，就是根据经济社会特定职业或岗位的需要，培养能够胜任实际工作需要的高层次应用型、复合型人才。从实际情况看，学术研究型学位的学生也不是完全脱离实际去研究理论的，在许多高校的培养方案中，学术研究型学生也需要实习等社会实践，也是具有一定应用性的。因此，将应用型作为专业学位人才培养目标的这一提法值得探讨和商榷。所谓的应用型，其实是学生在就业时面向的是非学术研究职业领域，不做学术研究而已。

根据第一章对国内外专业学位历史演进的归纳，可以发现国外的专业学位与我国的专业学位有相同之处，即都是以培养社会经济发展需要的人才为主要目标，学生就业主要面向非学术研究职业领域，培养过程普遍重视和强调实践。研究生层次的学位类型可以分为学术研究和非学术研究两类。本书将专业学位定义为：为满足经济社会发展需求，由专业学位授予机构培养具有较强实践能力的人才，未来主要从事非学术研究工作的具有非学术职业导向的一种学位类型。对专业学位与学术学位进行对比，能够更深入地理解专业学位的内涵，如表 2－6 所列。

表 2－6　专业学位与学术学位对比

学位类型	培养理念	职业导向	侧重能力
专业学位	服务社会需求	非学术职业导向	实践能力
学术学位	追求知识和真理	学术职业导向	学术研究能力

从培养理念来看，专业学位主要服务社会需求，学术学位主要追求知识和真理。专业学位设立的出发点是培养能够解决经济社会发展现实问题的高层次应用型人才，基于这个出发点，随着科技化程度的不断提高，科技革命对经济和产业发展的作用日益显著，社会从业人员运用科技知识解决实际问题的职业能力的重要性不断加强。社会需要具有实际经验的高级经理人才、具有临床经验和动手能力的高素质医生、具有实际财务管理能力的高级会计人员等各行各业人才。学术学位强调大学学

① 秦惠民. 学位与研究生教育大辞典[M]. 北京：北京理工大学出版社，1994：14.

术价值，大学通过进行科学研究和培养学术精英实现社会服务。

从职业导向来看，专业学位具有非学术职业导向，学术学位具有学术职业导向性。专业学位是为特定的职业或岗位培养高层次应用型人才的，从我国目前设置的40种硕士专业学位来看，具有明显非学术职业导向性的学科如管理学、医学、农学等都设立了相应的专业学位，而那些学术性较强的学科如哲学、历史学、理学等就没有设立相应的专业学位。因此，只有那些具有强烈的非学术职业导向性的专业，方可依托相关学科的知识体系开展专业学位教育，培养具有良好的专业理论修养和在专业技术方面受到高水平训练的高层次人才。只有那些社会要求较高的职业才有设置的必要，并不是所有的职业性教育都可以纳入专业教育范畴。因此，就像不能把专业等同于一般职业一样，也不能把专业学位等同于职业性学位，或者直接称之为职业学位，而学术学位是培养未来学术研究精英的。

从侧重能力来看，专业学位侧重实践能力，学术学位侧重学术研究能力。无论是政府、各类专业学位教育指导委员会，还是培养单位，均重视实践环节，且对实践环节有明确要求。比如，临床医学专业学位，全国医学专业学位教育指导委员会要求学生进行不少于33个月的部门轮岗实践。① 学术学位更注重培养学生理论创新、独立从事科研工作的能力。

二、专业学位特征

(一) 开放性

专业学位需要服务社会经济发展。经济发展具有周期性，所以专业学位也应该根据经济运行、产业发展情况而自动调整。因此，专业学位具有开放性，如哈佛大学对教育博士的取消与重塑。1920年，哈佛大学创设了世界上首个教育博士学位，2009年，对其学位体系进行了重构，一是取消了教育博士项目，二是创设了教育领导博士与教育学博士项目。专业学位所对应的很多职业正在朝着国际流行趋势发展，2016年，我国工程教育加入《华盛顿协议》，得到了国际工程教育认证体系的高度认可。北京师范大学硕士双学位培养＋当地教师资格证书的合作项目，拓展了学生的海外就业空间。此外，我国学生海外实践项目、中外高校双学位项目、专业学位全英文项目等都昭示着我国专业学位与国际交流和合作的日益繁荣。

(二) 外适性

专业学位注重实效和实用，体现了外适性的质量观。高校办学理念和方针正在

---

① 国务院学位委员会. 国务院学位委员会关于印发临床医学、口腔医学和中医硕士专业学位研究生指导性培养方案的通知[EB/OL]. (2017-10-11)[2018-03-30]. http://yjsy.njmu.edu.cn/8a/6c/c454a100972/page.htm.

或已经转向密切联系社会需求，分析和把握行业的发展方向，面向实际开放办学，探索和思考实践引发的科学和技术前沿问题，与国家重大发展战略对接，与企业人才需求对接，坚持与企业优势互补，互利共赢，提高人才培养质量等。这种质量观表现在高等教育方面，则是一些高校的专业学位设置紧密围绕着国家的发展战略与规划。例如，中国人民大学经济学院在国家“一带一路”倡议发出后，成立了国际商务硕士“一带一路”（新丝路）国际部，招收来自“一带一路”沿线亚洲国家的学生，力图把他们培养成为理解中国战略的国际性人才。2016 年，清华大学着力推进了国际核电人才工程硕士学位项目的建设。为服务国家“核电走出去”战略，清华大学和中国核工业集团有限公司、国家核电、中国广核等三大核电企业共同策划设立了清华大学核电工程与管理国际人才培养专业学位项目，并得到了教育部、国家能源局的大力支持。该项目旨在培养一批熟悉中国核电企业的国际人才，以促进世界核电事业和平发展。此外，还有特定的诸如“服务国家特殊需求人才培养项目”，包括北京电子科技学院、北京城市学院在内的 51 所高校成为试点单位，覆盖了社会工作硕士、工程硕士等多个专业学位类别。①

（三）探索性

专业学位有创造新职业、孵化新学科的作用。近年，各类专业学位项目的创新性设置都基于对产业和行业发展的预判和评估，是一种探索和尝试。从服务需求这个角度来说，专业学位教育需要符合社会发展的需求，才可能走在企业的前面，引领产业行业发展，而教育是一个长周期行为，布局的时候要考虑到当前和未来的人才需求。为服务国家的战略大局，清华大学电机系（电机工程与应用电子技术系）与四川能源互联网研究院合作开发能源互联网专业硕士项目，课程设计应基于大能源与互联网行业，与学科前沿发展紧密结合。此外，清华大学还开展了诸多面向发展中国家重要政府部门的国际合作培养项目等，吸引了大批高质量国际生源，增强了校园国际化培养能力，提升了清华大学的国际影响力。北京大学努力加强其特色医学专业领域的研究生教育，探索建立了与国际接轨、符合社会需求的医学复合型高级应用人才培养结构，设立了医学技术硕士专业学位，以及为了培养行业急需的学科高层次医学专业人才而设立公共卫生博士专业学位等。还有高校开展了跨学科的培养项目，如上海交通大学安泰经济与管理学院的“中国全球运营领袖项目”，该项目为国内首个全日制、跨学科双硕士学位项目，得到了国际权威认证机构的高度评价和国内同行的赞誉，其创新做法在中国商学院中起到了引领作用，也得到了社会各界的广泛认可，先后获得 2012 年上海交通大学教学成果奖一等奖，2013 年上海市级教学成果奖一

---

① 国务院学位委员会. 关于下达“服务国家特殊需求人才培养项目”——学士学位授予单位开展培养硕士专业学位研究生试点工作单位名单的通知[EB/OL]. (2011 - 10 - 17)[2017 - 12 - 30]. http://www.9ask.cn/fagui/201110/44595_1.html.

等奖。[①]

(四) 复合性

复合专业的设置不仅能实现优质教育资源的共享,更能满足学生自主、高效和便捷的学习。线上与线下相结合,名校强强合作,使学生掌握多学科、多领域的知识,是培养复合型人才的重要途径。专业学位的复合性既满足了学生对于跨学科知识的需求,也满足了用人单位对复合型人才的需求。

美国专业学位的复合性较显著。美国国家科学基金会启动了多项针对本科生和研究生的教育与科研训练项目[②],美国国家科学基金会的各类项目都渗透着鼓励高校通过多种方式培养创新人才的理念。创新可以是技术性的,也可以是管理性的。硕士层次的复合专业中,最常见的是工程专业与管理专业的组合。密歇根大学强调科学学位与专业学位的复合,规定复合专业可以是以下两类专业的组合:一类是科学学位,如应用物理、环境可持续、全球化动作和大分子科学与工程;另一类是专业学位,如金融工程、生产工程、制药工程等。[③]

目前,国内已有少数高校在积极探索专业学位双学位项目。例如,2012 年 5 月,清华大学经济管理学院启动"MBA+X 双学位"计划,这是同一学校内不同专业领域的两个学位,突出的是不同专业之间的教育融合。[④] 表 2-7 展示了中国政法大学法律硕士学院跨学科分类培养模式。该学院根据专业方向设置相对固定的课程群,积极为学生搭建差异化发展平台;同时,尝试开展跨专业辅修结业办法。

表 2-7 中国政法大学法律硕士学院跨学科分类培养模式[⑤]

跨学科	整合专业	培养目标	合作学院
法管结合	法学与管理学	管理和服务领域法务人才	政治公共管理学院
法商结合	法学与商学	商事法务人才	商学院
法社会学结合	法学与社会学	社区法务人才	社会学院
法经济学结合	法学与经济学	法律经济学人才	民商经济法学院
法证据学集合	法学与证据学	特定岗位人才	证据科学研究院

① 该案例为教育部人文社会科学重大攻关项目"创新专业学位研究生培养模式研究"(编号:13JZD049)征集的案例.

② 杨晓波,马永红,任秀华. 美国国家科学基金会青少年科技教育资助模式分析[J]. 比较教育研究,2011(7):87-91.

③ 根据美国密歇根大学 https://umich.edu/信息整理得出.

④ 网易财经. 清华经管学院启动"MBA+X 双学位"计划[EB/OL]. (2012-06-05)[2017-12-30]. https://www.163.com/money/article/837UR9F2002524TS.html.

⑤ 根据中国政法大学 2010 年专业学位研究生教育综合改革总结材料整理.

三、专业学位分类

目前，我国少有学者对专业学位开展分类研究，具有代表性的有袁本涛等从类型学的角度集中探讨了专业学位类属问题，依据认知角度和技能专业化，将专业学位分为 4 种类型[①]；向诚等提出行业大类定位培养模式，即按照人才从业的行业大类，根据行业产业链构成，选拔和培养既熟悉全产业链过程，又熟知职业要求的高层次应用型人才[②]。本书将专业学位分为职业型和应用型两大类，如表 2－8 所列。

表 2－8 专业学位按与职业资格联系强弱划分

学位类型	与职业资格联系程度	培养目标	典型专业学位类别
职业型学位	强	专业领域的任职资格	临床医学
应用型学位	一定联系	应用型高级专业人才	工程

（一）职业型学位

职业型学位是指为特定的职业培养人才，且与职业资格衔接特别密切的学位类型。美国的第一职业学位、英国的师范研究生文凭，都是典型的职业型学位。我国的临床医学、法律专业学位就属于与职业资格无缝对接的专业学位。根据《临床医学硕士专业学位研究生指导性培养方案》要求，临床医学硕士培养过程以临床轮转为主，临床轮转实际培训时间应不少于 33 个月，严格按照住院医师规范化要求进行培养，毕业时可获得执业医师资格证书、住院医师规范化培训合格证书、研究生毕业证书和硕士学位证书，简称“四证合一”。法律硕士也较容易获得律师职业资格。司法部规定，法律专业硕士学位获得者从事专职律师工作的，到律师事务所实习一年经考核合格者，即可获得律师资格。《中华人民共和国法官法》《中华人民共和国检察官法》也规定，法律专业硕士、博士学位获得者可直接取得相应的法官、检察官的任职条件。[③]

（二）应用型学位

应用型学位具有一定的职业导向，但没有实现与职业的完全对接，我国多数专业学位属于此类。招生时，多数没有对应的专业要求；实践环节鼓励学生到实践基地等真实场所进行，但也包括模拟训练、仿真等；普遍强调实践教学。这类专业学位的职

① 袁本涛，李莞荷，王顶明．专业学位人才培养模式特征探究——基于分类的视角[J]．高等工程教育研究，2015(2)：56－61．

② 向诚，黄宗明，张云怀．打破学科专业束缚按行业大类定位培养复合型专业学位人才[J]．学位与研究生教育，2016(2)：29－34．

③ 根据中国学位与研究生教育信息网 http://www.cdgdc.edu.cn/xwyyjsjyxx/gjjl/szfa/flss/263534.shtml 信息整理得出．

业覆盖面较广。根据中国学位与研究生教育信息网的信息，社会工作硕士有诸如社会福利、社会救助等职业类型；工程硕士有技术创新、技术改造等众多类型。从各个专业学位的领域来看，教育硕士涵盖 19 个领域，体育硕士涵盖 4 个领域，翻译硕士涵盖 12 个领域，工程硕士涵盖 40 个领域，农业硕士涵盖 15 个领域，艺术硕士涵盖 8 个领域。很明显，这些专业学位对应的职业范围较广，职业也更容易细分。[①] 职业型学位与应用型学位的对比详见表 2-9。

表 2-9 职业型学位与应用型学位对比

学位类型	专业学位类别	生　源	岗位适用范围	行业适用范围	职业资格要求	职业资格强制性
职业型学位	临床医学	符合医师资格考试报考条件	比较窄	比较窄	严格要求	必须要求
	法律	不严格要求	比较窄	比较广	严格要求	必须要求
应用型学位	工程	以全日制应届毕业生为主	较广	较广	少量行业	个别有强制性
	MBA	以非全日制为主（多数有工作经验）	非常广	非常广	部分行业有相关职业资格证书要求	非强制性

注：根据各个专业学位培养方案要求整理

四、专业学位培养模式

（一）依据培养定位划分

1. 项目团队定位模式

该模式旨在为项目需求量身打造专业学位，注重学科之间的交叉融合，以及团队培训与团队创新。北京航空航天大学“大飞机班”探索出了一种以国家重大工程人才需求为牵引的全日制工程硕士学位培养模式，与美国的大工程观理念相似。“大飞机班”以我国大飞机项目的人才需求为培养目标，借鉴国外航空航天团队的训练经验，将培养流程分五个阶段，即前沿讲座（5%）、专项技术学习（25%）、认识实习（10%）、模拟设计（40%）与专项技术研究（20%）。[②]

2. 行业定位培养模式

该模式以服务行业人才需求为导向，以培养能够适应和引领行业发展的高层次

---

① 根据中国学位与研究生教育信息网 http://www.cdgdc.edu.cn/xwyyjsjyxx/gjjl/szfa/267348.shtml 信息整理得出.

② 马永红，张乐，高彦芳，等. 我国工程硕士联合培养实践基地状况分析——基于 28 个工程硕士示范基地[J]. 学位与研究生教育，2016(4)：7-11.

应用型人才为目标。重庆大学以本土自主品牌汽车协同创新中心建设为契机，尝试打破学科专业束缚，实行行业定位培养模式，通过企业、政府、高校多主体协同，培养既熟悉汽车行业研发、设计、生产、制造全流程，又精通特定汽车领域发展的高层次复合型人才，形成了以行业从业要求为导向的复合型培养体系。

（二）依据理论和实践结合方式划分

1. 线性分段培养模式

该模式将学生培养过程进行分段，如“理论＋实践”分段式。一般是先理论后实践，前一阶段，学生主要是在学校上课，学习理论知识；后一阶段，学生进行专业实习并完成毕业论文。多数学校采取这种方式，如天津工业大学的“1.5＋1”培养模式；华北电力大学、同济大学的“1＋1.5”培养模式；河海大学、北京交通大学、重庆大学的“1＋1”培养模式。也就是说，学生先在学校完成 1 年或 1.5 年学习计划，后 1 年或 1.5 年在企业完成实践，同时结合企业实际研究项目并完成学位论文。

2. 工学交替培养模式

工学交替是理论知识学习与实践实训工作任务交替进行的一种教学模式，即“理论”与“实践”并行进行。该模式在表现形式上是学生学习理论知识与实践实训工作交替进行，遵循“知行合一、产教融合”的基本思路，完成理论与实践相互检验、协同旋进的过程。[①] 例如，郑州大学的“螺旋式”培养模式，即“0.5（校内半年，必修课）＋0.5（校内和基地半年，选课、选题）＋1（基地实习一年）”，在各个环节中，均有企业方的参与，都包括“三阶段螺旋”。第一学年的第一学期包括为期 2 周的“企业见习”，第二学期进行企业文化和教育培训；第二学年为“真题真做”，直接参与或承担工程项目。此种“螺旋式”培养模式采用从理论到实践、从实践再回到更高层理论的模式，类似于法国的工学交替。[②]

五、实　践

国内外对实践的含义有着不同的解读。国外对实践的含义主要有以下几种认识：行动实践或技术实践，这种实践能使人们感受到物质世界真实的改变，代表人物有英国的培根、德国的黑格尔；道德实践，这种实践是人精神层面的实践，塑造人的意志、品德，代表人物有古希腊的亚里士多德、德国的康德和哈贝马斯；最后是生活实践，这种实践认为社会生活本质上都是实践的，代表人物有托马斯・阿奎那、马克思

---

① 管平. 职业教育国家主导模式的建立——对校企合作、工学结合的再认识[J]. 中国高教研究，2013(6)：88－91.

② 马永红，张乐，高彦芳，等. 我国工程硕士联合培养实践基地状况分析——基于 28 个工程硕士示范基地[J]. 学位与研究生教育，2016(4)：7－11.

和杜威。将这些对实践的解读归纳起来，如表 2-10 所列。

表 2-10　国外主要的实践思想含义及代表人物

实践思想	主要含义	代表人物
技术实践	科学的技术化、技术性的生产活动	培根、黑格尔
道德实践	追求正义、善等美德的行动	亚里士多德、康德、哈贝马斯
生活实践	人们在生存进程中进行的各种行为活动，包括社会实践、生产实践等	托马斯·阿奎那、马克思、杜威

在国内，不同时代的学者对实践的含义也有所不同。但多数学者认为，“知”和“行”密切相关，虽然“知”和“行”的含义和范畴都在变化，但“行”不能脱离“知”而存在。“知”的内容经历了从孔子时代的文化典籍到现代的自然科学技术知识的过程，“知”的来源经历了从感觉、经验到行动的过程。“行”的含义主要集中在两个方面：一是没有超出主观认识范围的纯粹观念的活动；二是为了实现某种先验的理性原则或道德原则的活动。到了近代，“行”的范围由抽象变为具体，初步由生产活动、科学实验扩大到社会实际生活的一切领域。我国的实践也强调“做”，类似于国外的技术实践，也强调生活实践，但与国外的区别在于多了一个认知的过程，即认知也是一种实践。

通过对实践含义的历史演进进行梳理和对国内外专业学位教育实践活动的研究，本书对实践的内涵进行了如下总结。首先，人是实践的主体；其次，实践要在一定的环境里进行，实践是人与外部环境的作用，这种作用既可以是单向的，如人对环境的作用或环境对人的影响，也可以是人与环境之间的相互作用和影响。对于这个环境，没有准确的定义。重要的是在环境里产生的行为以及行为对人的影响。实践是行动，不是空想。

由于实践涉及的范围广泛，且内涵极为丰富，本书将实践分为狭义的实践和广义的实践。现在普遍提及的实践均属于狭义的实践范畴，主要指技术实践，即科学技术理论的应用。广义的实践则包括国内外教育家、哲学家提出的伦理实践、交往实践、工具实践，乃至参加社会活动的社会实践等。本书对实践的划分如图 2-1 所示。

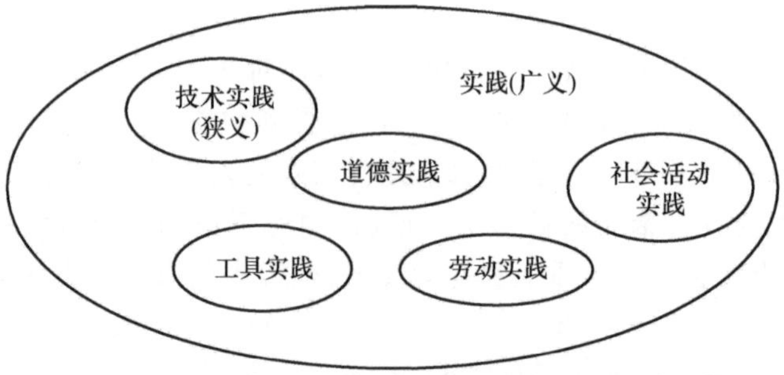

图 2-1　本书对实践的划分

第三章

专业学位研究生教育实践活动的内涵及理论框架构建

第一节 实践活动的内涵

本书第二章中提出了实践的内涵，并将实践分为狭义的实践和广义的实践，狭义的实践主要指技术实践，即科学技术理论的应用，这也是目前得到广泛认可和推崇的一种实践。广义的实践包括道德实践、社会实践、工具实践等。教育的最终目的是立德树人，专业学位实践也应服务于这个目标。因此，专业学位研究生教育中的实践是一种广义的实践，不仅包括技术实践，其他如道德实践、社会实践等有利于学生道德提升和能力发展的实践也包括在其中；专业学位研究生教育中的实践又是与学生所学专业密切相关的，所以需要一定的载体或者平台；专业学位研究生教育还应该在实践中体现研究性和批判性思维，实践不仅是从理论到应用的过程，而且是理论与应用之间反复交替的过程。

本书将专业学位研究生教育中的实践活动定义为一种以学生为主体的教育活动，需要在特定的情境下借助一定的载体进行，不是简单地从理论到应用的单向过程，而是在问题与解决、理论与应用之间反复进行的活动。

通过前面对国内实践的研究可以发现，我国强调的实践与“知”密不可分，“知”是知识，如文化典籍、自然科学知识；是感觉经验、思维活动；是认知的来源。本书从知识和认知的角度对实践进行研究。

教育学者对知识进行了分类。2001 年，安德森等主编了《布卢姆教育目标分类学(修订版)》，并将知识分为事实性知识、概念性知识、程序性知识和元认知知识四大类，详见表 3-1。

表 3-1 对知识的分类

知识分类的基础	知识的分类	释 义
有关什么的知识	事实性知识	独立的、特定的知识内容，如关于专有名词等
	概念性知识	关于理论、模型、结构的知识等
如何去做	程序性知识	关于技能、方法的知识等
个体认知	元认知知识	个体认知方面的知识，如关于策略的、任务情境和自我认知的知识等

事实性知识和概念性知识可归为理论知识，经由言传或文本阅读习得。程序性知识和元认知知识可归为实践知识，在训练、实际体验和反思中习得。从认知过程维度来看，根据《布卢姆教育目标分类学(修订版)》，认知过程维度主要分为六类(见图 3-1)。

在认知过程维度分类体系中，记忆、理解是最常见的初步认知发展阶段。记忆通过认识、感觉、感官就可以形成，应用和分析要通过实际操作，即技术实践来实现。根据所学知识，通过实践操作进一步加深理论认识，进而引发思考，促进对知识的深入掌握，就是理论应用的过程。评价和创造则是高层次的学习和实践，达到这一层次，学生能够提出新观点、新理论、新认识，并能进行深入阐释和自我验证，是一种思维反思。

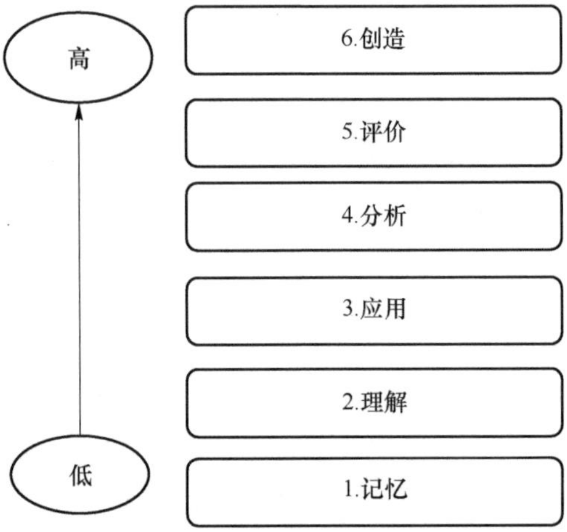

图 3-1 认知过程维度分类体系

结合专业学位实践的内涵和对认知的分类，本书将专业学位实践分为认知实践、操作实践和反思实践三个层次。这三个层次的实践是层层深入的递进式过程。认知实践是通过概念、知觉、判断或想象获得知识的活动，操作实践是对知识的理解和应用，大量的、多元的认知实践和操作实践则为反思实践打下了基础。

这三个层次的实践在专业学位研究生培养中虽然没有明确指出，但得到了不同程度的体现。例如，中国民航大学将实践活动分为行业认知实习和企业实习，其中企业实习又分为"蓝领实习""技术实习""毕业实习"，并借鉴了法国工程师教育模式的有益经验；郑州大学的"螺旋式"培养方式，第一学年的第一学期进行"企业见习"，第二学期进行企业文化和教育培训，第二学年直接参与或承担工程项目，并结合参与的项目完成学位论文。这些"蓝领实习""企业见习"都可以被视为认知实践；"技术实习"、参与工程项目可以被视为"操作实践"；"完成学位论文"可以被视为反思实践。

这三个层次的实践的可得性，即获得的难易程度有所差异。从实际情况来看，认知实践是较容易获得的，开设案例课程、实验课程、到企业参观、建立工作坊等对于多数学校来说是比较容易做到的。反思实践体现在专业学位中则是一种考核方式，是所有高校都要求的，也是学生必须完成的。操作实践的获得则因地而异，各个学校能够达到的程度参差不齐。一般来说，能够与高校建立稳固持久合作，让学生进行操作实践的行业单位一般都具备以下特点：与高校的合作时间长、拥有充足的校外导师资源、具备支撑各级各类项目实践活动的优越科研条件、规章制度完备、有政府政策扶持等。目前各所高校与企业之间的合作联系差别较大，企业参与专业实践的意愿不强已成为许多高校面临的难题。

一、认知实践:图式理论映射

认知实践是通过概念、知觉、判断或想象获得知识的活动。认知的概念来源于心理学,是个体思维进行信息处理的心理功能。“认知”这个词来源于拉丁语,意为“知道”“掌握概念”“识别和认可”,是指人类处理信息、应用知识和选择参数的能力。“认知”一词包括认识事物和理解事物两方面,认知过程既可以是自然的或人工的,也可以是有意识的或无意识的。

认知实践在一定程度上反映了图式理论。图式是皮亚杰认知发展理论中的一个核心概念,它是个体认知结构的基础单元,反映了个体对现实和相关事物的基本观念;它提供了一个记忆框架,这个记忆框架可以决策、执行并保持新的信息;它定义了组织世界的方式以及新信息如何适应之前已有的知识;它为模糊的、不完整的信息提供了结构;它允许个体填充不足的数据,当信息被从记忆中提取时,编辑信息,并引导信息提取过程。因此,认知实践使学生对专业有了一个概貌,并在脑海中形成了一个网络,图式一经形成便相对稳定,但也会随着个体经验的增加而适时得到修正。认知实践使学生在脑海中对专业形成了一个概貌,但是专业实践并不停留在这个阶段,而是逐渐深入。

二、操作实践:“干中学”的延展

操作实践是狭义上的实践,主要是指科学技术理论的应用。1962 年,阿罗(Kenneth J. Arrow)在著名的《干中学的经济含义》中提出了“干中学”效应(即学习效应),来说明动态规模经济的存在和发生过程,技术的动态变迁在国际分工中的作用由于“干中学”效应而更加受到关注,即随着技术的积累,单位产品成本随生产总量递减。这充分说明了积累的技术具有递增的生产力。本书的操作实践主要指技术实践、科学技术理论的应用、验证和一定的创新,如学生在校内实验室、校内外实践基地进行的实践活动就是操作实践的主要表现形式。已有研究中提到的专业学位学生实践基本上是指这种实践,即以研究生为主体,以实践基地或特定的项目训练为载体,鼓励专业学位研究生参与、探究、思考,以促进学生掌握专业知识、提高研究和创新能力的实践活动。

三、反思实践:反思实践重构

“反思实践”形成于 20 世纪 80 年代,由美国当代教育家唐纳德·舍恩提出,对美国专业学位教育产生了深远的影响。20 世纪 80 年代,舍恩在麻省理工学院对建筑学硕士研究生学习过程进行了研究,认为专业学院不应该仅仅是“基础学科的实践场”,还应该成为“专业知识的创造场”;专业人员在执业过程中存在大量的“默会知识”或“常规判断”,这类知识是难以言表的,而教育应当重视那些“不肯教”或者“无法教”的东西。专业学位研究生教育中的反思实践是个体进行回顾和思考的过程，反思是对认知实践和操作实践的反思，“思中学、思中做”是一种创造性实践。反思实践不仅包括对理论知识的反思，也包括对道德、人际交往、职业发展的反思。

第二节 实践活动的要素

一、组织异质的多元参与群体

专业学位实践活动的参与者非常广泛，且有越来越多的外界力量参与到实践中。专业学位实践活动的主体是专业学位学生，由于专业学位具有开放性和跨界性，政府部门、事业单位、专业学位教育指导委员会、行业协会等也会参与到实践过程中。校外导师是外界参与者中的最重要“角色”，其有多种称谓，如产业教授、现场师傅、企业导师等。

二、规范明晰的组织制度保障

专业学位实践活动的组织和制度保障正在不断加强和完善。专业学位人才培养过程中产学研政合作趋势越来越明显，越来越多的实践合作从共同开展科学研究逐步走向深度参与学校人才培养的全过程，从“科研项目”驱动模式逐步走向“组织制度保障”驱动模式，双方共同建立各种规章制度，覆盖各个培养环节，使学生在规范明晰的组织制度保障下进行实践。

三、实用导向的质量标准评价

实践评价应注重应用性和创新性，考虑每个学生的实际情况和研究成果，对参与不同形式实践的学生分别进行评价。目前，实践评价形式有证明、报告、实习证书、总结、学位论文等。对专业学位学生实践活动的考核评价正在探索之中，某些培养单位正在积极开展调研工作，通过形成调研分析报告改进实践质量评价体系。

第三节 实践活动的特征

一、专业性：专业知识与职业发展诉求

专业是高等学校或中等专业学校根据社会专业分工的需要设立的学业类别，专

业知识是一种高度专门化的知识，是由专业行动发展而来的产物，是在专门职业工作中逐步确立的，它不仅需要理论知识的积累，还需要将理论知识与实际情况联系起来，是专业人士在某种工作情境中通过对文化的适应慢慢发展而来的。实践作为全日制专业学位研究生培养的重要环节，应按照专门职业的要求进行，把促进全日制专业学位研究生的专业发展作为出发点和落脚点，着力培养全日制专业学位研究生从事专业工作所具备的知识、能力及职业品质。

二、研究性：研究生层次教育应有之义

研究生层次的实践活动自然具有研究的属性，是一种具有研发性质的实践活动。研究推动着专业知识的不断发展和更新，是实践活动的重要特征。许多职业被视为“专业”，其中的一个依据就是它们自称是“基于研究的职业”[①]。在专业学位实践活动中，应引导全日制专业学位研究生面向现实开展具有针对性的研究，从经济社会发展的现实需要中发现问题、提炼问题、思考问题，以促进全日制专业学位研究生学会设计解决方案，学会通过观察、实验、调研等活动对问题进行解答、解释和预测，从而提高他们综合运用理论、方法和技术解决实际问题的能力和综合素养。

三、反思性：理论与实践循环交替上升

在使学生立足于解决特定情境中的问题以获取专业知识以及理论应用于实际的同时，应重视学生反思思维的培养，在问题解决的过程中不断反思、总结和积累经验以提升实践水平。理论可以指导实践，实践中也可以提炼出理论，来指导更高层次的实践，理论与实践循环交替上升。舍恩把“反思性实践”分成两个层次，即行动中所知和行动中反思。舍恩坚信不是所有的知识都可以表达出来，专业人员的执业过程中存在着大量的“默会知识”或“常规判断”。[②] 行动中反思是一边行动一边思考以改变行动，行动和思想的相互影响使行为不断得到调整。

四、情境性：真实情境与虚拟情境并存

情境学习理论产生于20世纪80年代末期，是针对学校教育中学习者与现实世界、知与行相分离的现状而提出的。情境学习理论认为，第一，知识是情境性的。“识知指一个活动——不是一个物；识知总是静脉化的——不是抽象的；识知是在个体和

---

① Jarvis P. Professional Education[M]. London: Routledge, 1983:70.

② 陆德梅.“反思型执业者”的培养——唐纳德·舍恩的“反思性实践”理论及其对专业学位教育的影响[J].复旦教育论坛，2009,7(6):31-35.

环境的互动中交互建构的——不是客观确定的，也不是主观创造的；识知是对于互动的功能性观点——而不是‘真理’”①，知识不是独立于个体而客观存在的，而是在个体与环境互动过程中建构而成的，知识与活动是不可分离的。第二，知识的获得过程（即学习）也是情境性的。既然知识与活动不可分离，那么知识的获得过程就是学习者通过参与实践活动并与环境互动的过程，学习的本质就是知识建构的过程。

专业学位服务需求的理念、职业导向性的特征使专业学位与产业、行业的发展休戚相关。实践活动与现场情境的结合越来越紧密，实践活动不再局限于学校，而是走向广阔的社会，由行业产业的一线来完成，在接近真实的情境中进行。不同专业学位的情境存在差异。例如，临床医学基本是在真实的环境（医院）中进行实践的；工程的实践环境既有实践基地，也有仿真模拟、跟随导师做科研项目等，真实情境和虚拟情境共存；工商管理硕士主要是课程嵌入式实践，案例实践较多；法律专业则采取情境模拟等形式。

第四节　实践活动理论框架的构建

本书第二章介绍了知识生产模式理论，其中知识生产模式 2 的特征在实践活动中得到了体现。

第一，应用情境下处理问题。传统的知识生产模式按照某个学科的操作规则进行问题处理，知识生产的目的主要是追求真理、培养学术精英，实用目的欠缺。而知识生产模式 2 是在一定的应用情境下处理问题，现实需求促进了知识生产。学生在实践基地中参与的课题就来自实际的现实需求，且能够产生直接或间接的经济价值。

第二，跨学科性。知识生产与问题应用情境的联系越来越密切，而应用情境通常是综合的、复杂的，因此，问题的解决最终通常会超越单一学科，而具有跨学科的特征。在知识生产模式 2 中，知识生产的成果不再仅仅在体制中、学科内部进行传播，且会传播给那些参与到生产过程中的人。

第三，出现了范围更广的、临时性的参与者。随着产学研融合理念在专业学位研究生教育中的推广，校外导师已成为行业参与的重要角色，专业学位导师队伍也正在发生重大转变，即由校内导师的单独指导转变为校内导师和行业专家、骨干、现场实习师傅相结合的双导师或导师团队。校外导师为学生提供专业知识、专业技能、工作方法、解决问题的技巧等方面的指导，帮助其顺利适应角色定位和工作要求，因此，校外导师的地位日益重要，甚至超过校内导师。

第四，实践的场地范围从校内走向广阔的知识生产情境（工作场所）。知识生产

① 戴维·H·乔纳森. 学习环境的理论基础[M]. 郑太年，任友群，译. 上海：华东师范大学出版社，2002:27-31.

呈现社会弥散和异质特性是知识生产模式 2 的显著特征，各类校外实践基地便是场地范围拓展的典型形式。

第五，组织形式异质性。在知识生产模式 2 中，政府部门、研究院所、实验室都出于自身需要参与知识的生产过程。同时，随着新问题的不断出现，背景各异的知识生产者开始汇聚、合作，新组建的知识生产团队展现出很强的异质性。专业学位教育过程中参与者的多元化体现出了组织形式的异质性，它们之间的联系既有紧密的，也有松散的；既有稳定组织制度保障的，也有临时的，十分灵活。

第六，质量控制与评价从单一知识共同体内部评价扩展到多方利益相关者共同评价。专业学位外适性的质量观决定其培养的人才必然受到社会的检验和认可，校外导师逐步参与到培养过程中，也自然地会参与到最后培养结果的评价中。质量评价主体已由一元化向多元化发展。评价内容上，要从单一的理论知识考核扩展到知识应用能力、实际问题解决能力以及跨学科综合思维能力等方面；评价过程上，要从单一课程考试的终结性评价扩展到教学过程性评价，加强教学过程中的实践性评价。[①②] 质量评价与专业学位教育利益相关者，如政府机构、用人单位、高校、学生紧密相关。

知识生产模式 3 在实践活动中也有所体现。该模式的主要特点是“集群”，包括地域（空间）集群、部门集群和知识集群，指的是各种地域、部门和知识的联合体，知识在这些联合体之间流动。对于专业学位研究生教育而言，“联盟”是这些联合体的最主要表现形式。比如，地区之间的区域联盟：辽宁省在沈阳、大连两个区域，依托东北大学、大连理工大学两所部属高校，组建了两个区域研究生教育联盟，促进了省内优质专业学位研究生教育教学资源的共享，开启了院校、行业、优质企业携手共建专业学位研究生教育教学资源库的新局面；行业特色型高校联盟：南方医科大学、重庆医科大学、首都医科大学、南京医科大学、天津医科大学、哈尔滨医科大学、第四军医大学等七所医科大学牵头成立了“全国独立设置医科大学研究生院联盟”；产学研战略联盟：中车长春轨道客车股份有限公司组建了“城市轨道客车产业技术创新战略联盟”。

多元的参与者、拓展的场地范围、多种沟通形式等构成了专业学位学生实践网络。在这个网络中，学生处于实践的中心，高校为学生的实践提供导师指导、校内实践场地（实验室）、实践评价；政府为学生的实践提供各种政策支持、经费支持、人才支持和监管等；教育指导委员会为学生的实践进行整体的规划和指导；相关行业产业提供校外导师、场地，也初步参与到评价中来。政府、高校、教育指导委员会、相关行业产业之间通过正式、非正式的合作协议等为学生的实践提供组织制度、管理规范的保

---

① 李成明，王晓阳. 针对职业领域的专业学位研究生教育：内在逻辑与知识[J]. 学位与研究生教育，2015(2)：23－27.

② 廖湘阳. 非学术型硕士生教育质量特质与培养过程架构[J]. 中国高教研究，2010(2)：37－41.

障，通过联盟实现资源的合理配置，为学生的实践提供更好的平台和条件。

知识的弥散、传播、应用、反思与问责在实践中亦有体现，具体表现在以下几个方面。

知识的弥散。知识生产的扩展和不同的应用情境、广泛的潜在使用场所，使知识由整个社会中需要的个人和团体来提供并进行分配，突破了以往仅在学科范围内产生影响的限制。

知识的传播。传统的知识传播通过正式体制传播，如在课堂上教授知识、在专业期刊上发表论文等。知识生产模式的转变使知识的传播有了新的形式和渠道。课堂传播的新形式有在线课堂、移动课堂、实践基地教学；非正式的渠道有参观访问、海外游学、暑期学校、国内外竞赛等。如此丰富多元的形式使知识的传播超越了时空的限制。

知识的应用。知识生产模式的转变更加重视知识的应用，不是“为追求知识而创造知识”，而是“需要什么样的知识就生产什么样的知识”，知识一定要运用到生产、实际生活中去。重视学生实践成果的运用情况，如能否适合现场运用、有没有解决实际问题、产生了多大的经济效益等。

知识的反思与问责。知识生产模式 2 中的反思存在于整个实践过程中，实践产生的作业、报告、总结、学位论文、专利等都可以看作学生对所学知识的反思。反思也存在于对知识产生的影响中，如职业伦理教育不仅考虑技术上是否可行、资源上是否充足，还考虑伦理、道德及法律问题。

实践的价值通过人力资本的增值体现。人力资本增值的过程，是学生知识增长和能力提升的过程，也是重塑人的道德品格、精神品质，促进人的全面发展的过程，意味着人与社会的关系更加和谐与有序，经济和社会的各个层面持续和全面的发展。通过认知实践、操作实践与反思实践形成人力资本，形成的人力资本又必须与物质资本结合，以在实践过程中实现自身潜能的充分释放，最终达到人力资本的保值和增值。人力资本增值除包括知识的增长、能力的提升之外，本书认为其还应该包括职业发展，因为专业学位教育对于学生来说最直接的作用就是有利于就业，知识增长和能力提升在就业时得到体现。

如图 3-2 所示，本书的理论思路如下：在知识生产模式的转变下，知识生产的条件发生了变化，在此条件下，知识的传播、应用和创造都在实践中得到体现，知识的传播、应用和创造的过程最终实现了人力资本的提升，即知识增长、能力提升和职业发展。

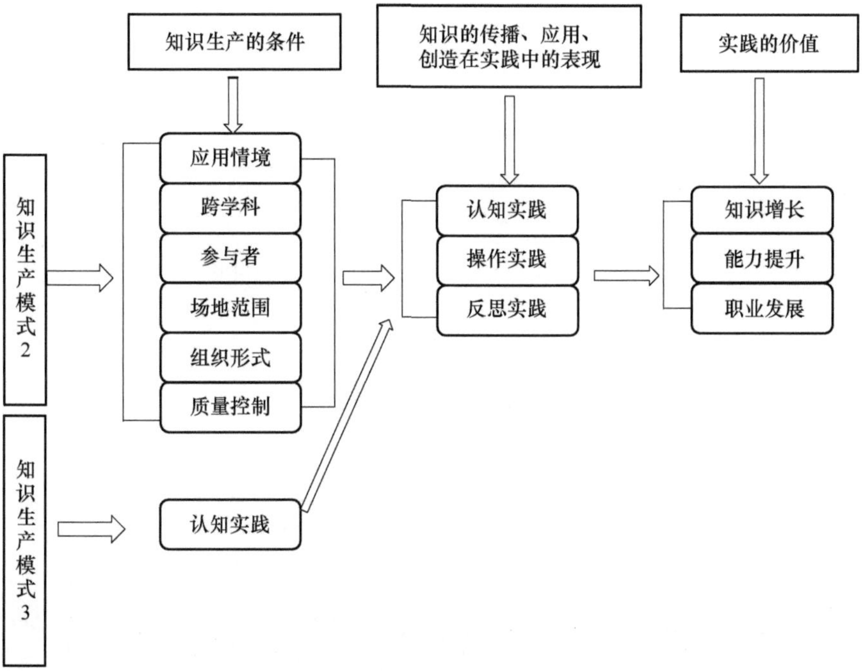

图 3-2　专业学位研究生教育实践活动的理论框架图

第四章
专业学位研究生教育实践活动形式的研究

第一节　认知实践的形式

认知实践是通过概念、知觉、判断或想象获得知识的活动。这种实践主要发生在课堂上，学生比较容易获得。认知实践体现了多元知识传播形式，这些形式在我国部分高校的专业学位研究生教育中已有良好展现。

一、案例教学

案例是指对一个实际情境的描述，这个情境中包含一个或多个疑难问题，同时也可能包含解决这些问题的方法。案例教学是以学生为中心、以问题为导向、以案例为基础，通过呈现案例情境，将理论与实际紧密结合，引导学生发现问题、分析问题、解决问题，从而掌握理论、形成观点、提高能力的过程。除了传统的文本案例教学、视频案例开发与教学、实验案例教学外，还出现了案例沙盒等新的案例教学形式。

我国专业学位教育重视案例教学和案例库建设，并取得了一定成绩，案例数量已具有一定规模。截至 2020 年 12 月，中国专业学位案例中心已收录了公共管理、会计等 27 种专业学位的案例。其中收录案例数量最多的是会计，已达 1 504 例，紧随其后的是公共管理，有 1 300 例，教育有 532 例，工商管理有 285 例，数量最少的是体育专业，暂收录 8 例。[①] 案例库的建设为我国专业学位案例教学起到了良好的引导和推动作用。

案例教学体现了知识生产模式 2 中的应用情境。案例教学活动中综合应用多媒体、网络教学平台等多种教学手段，以研讨课、实验课、实地调研、场景模拟、资料检索等形式再现案例的真实场景，使学生产生身临其境之感，从而激发其思考和探究的兴趣。以下是中国人民大学、南京大学和湘潭大学不同专业学位案例课程。

案例 1　中国人民大学的选修课——“公共管理社会实践：案例开发”

为鼓励公共管理专业学位学生参与案例写作，尤其是参与全国公共管理专业学位研究生教育指导委员会主办的全国性案例大赛，中国人民大学设立了一门选修课——公共管理社会实践：案例开发，学生以 4 人或 5 人为一个小组，通过实地调研，就某一个公共事务问题开发具有原创性的、适合公共管理专业的教学案例，完成案例写作。案例既包括故事正文，也包括分析和教学指导手册。课程成绩采取通过和不通过两种计分标准，通过的标准是参加全国性的案例大赛，或者入选学校社会科学案例库，或者入选全国

① 根据教育部学位与研究生教育发展中心 https://case.cdgdc.edu.cn/case/enterCaseCenter.do 信息整理得出.

公共管理专业学位研究生教育指导委员会案例库。①

在案例 1 中,应用情境体现在实地调研过程中。在此过程中,学生围绕一个特定的公共事务问题展开研究。不同于传统的知识生产模式 1 中按照某个学科的操作规则进行问题处理,这种研究的实用目的较明显,即希望对社会中的利益相关者有用,从知识生产的开始就面临着谈判与协商。课程评价标准是入选各类案例库,既为更多的人提供了借鉴和参考,也展现了应用特征。

案例 2 南京大学的"口腔临床案例分析"

南京大学口腔医学专业学位开发的"口腔临床案例分析"是以口腔临床病例为中心建立的以循证医学理念为导向、应用模块式案例教学法的课程。它以实际病例贯穿教学过程的始终,结合案例教学、循证医学文献导读、课程研讨、专业外语等教学方法,通过临床病例讨论与临床研究能力培养相结合,促使学生以一个医生的角度分析、解决口腔临床问题。同时于 2015 年创建了与课程同步的内部教学刊物《口腔医学案例教学与研究》,并筹划联合国内外多所知名口腔医学院校共同构建信息化"口腔医学案例库"。

案例 2 中基于证据的学习,亦称循证学习(Evidence Based Learning,EBL),体现了知识生产模式 2 中的应用情境。循证医学是遵循科学证据的临床医学,EBL 就是使临床医学有据可循,是临床实践和科学依据的结合。在 EBL 教学过程中,临床实践不仅需要个人的临床经验总结,而且需要高水平的文献、前瞻性临床试验等较强的科学依据的支持。EBL 强调学生主观能动性的发挥和信息检索能力的提高,重视从实践中获得科学依据。

案例 3 湘潭大学的"当事人模式"课程教学

为了克服传统法学实践性教学的缺陷,在借鉴法律诊所教育的基础上,湘潭大学法学院推出了一种全新的教学模式——当事人模式。学生必须以"当事人"的身份启动相关案件,并通过自身的努力来谋求相关法律问题的解决。其五步骤教学流程作为一种全新的教学模式,包括案件的选择、法律文书的写作、法律程序的启动与推进、教学效果的考核和教学成果衍生品的开发。该教学模式是在中国的法学教学实践中"自发成长"起来的,具有完全的"知识产权"。②

在案例 3 中,"当事人模式"通过设置适当的场景,让学生扮演情境中的角色,重

---

① 根据教育部人文社会科学重大攻关项目"创新专业学位研究生培养模式研究"征集案例整理,余下未标注来源的案例均根据该项目征集案例整理而成.

② 欧爱民.法学实践性教学的"当事人模式"探讨[EB/OL].(2010-05-10)[2017-12-30].http://xtu.ihwrm.com/index/article/articleinfo.html?doc_id=303505.

现案例的一些情境，甚至可以让学生在此基础上进行发挥，增强自己的理解，从而让学生在“表演”的过程中从心理、行为等多个层面去揣摩和感受，让观察表演的学生对案例和故事进行更加立体化的分析，使学生的学习更加贴近现实。此课程的优点在于形式更加新颖、生动，容易吸引学生的注意力，难点是备课难度较大，学生的不确定性对教师提出了更高的要求。

总体来看，案例课程设计的基本思路为先实证，再探索，以期解决现实问题。案例教学强调多种教学手段和教学资源的应用，强调学生的主动性和参与性，以培养学生创新能力为核心，以课程知识体系、关键知识点为主线，以学生兴趣和企业实践为引导，将各种资料的收集、分析、使用和案例编写纳入教学活动中，根据课程及知识的特点和学生的学习意识、学习行为特征来设定案例研究主题。案例都具有一定的代表性、真实性和启发性，能反映典型的社会和企业的经济活动，更能反映实践和相关理论的适用关系，有助于学生理解和分析实际问题，掌握基本理论原理的运用方法和原则。

二、移动课堂

移动课堂是指高校的实务课程，即依据课程需要积极与行业产业相关部门联系，组织学生走出校园到行业一线上课，或是邀请行业产业专家走进校园为同学授课、做专题报告等，以使学生得到充分的实务训练。移动课堂体现了知识生产模式 2 中的场地范围扩张，课堂走向广阔的知识生产情境(如行业一线工作场所)。通过多元化、宽视野的移动课堂，学生可以走出校园，乃至走出国门，校外人员可以走进校园，这有利于加强校内外的联系，促进校内外的融合；学生通过实地感受可以对行业产业产生一定的认知，拓宽他们的视野，促进文化的相互交流与理解。移动课堂分为校内师生向校外“移动”和校外行业人员向校内“移动”两种模式。

(一)校内师生向校外“移动”

案例 1 上海对外经贸大学的“时尚与奢侈品营销”课程的校外学习

在上海对外经贸大学工商管理专业学位的“时尚与奢侈品营销”课程中，任课教师开发了“移动课堂”，带领工商管理专业的学生参访了世界十大名表之首—百达翡丽位于上海外滩的源邸。

在品牌主讲老师的带领下，学生先参观了源邸的手表展示厅、贵宾鉴赏室，跟随主讲老师参观的过程中，学员体验着百达翡丽的传奇历史和价值理念。作为日内瓦最后一家独立制表商，百达翡丽在钟表鉴赏家中无与伦比的声誉和地位，源于品牌精致完美的时计作品以及丰富的制表知识与技术。在动手实践环节，学生组装了手表机芯，把秒轮、中心轮等逐一安排在表盘上；在讨论环节，学生根据课堂学习的理论知识提出了有关品牌运营、客户维护、产品销售等方面问题，并得到了老师的悉心解答。[①]

此案例中，校外参访让学生从理论走近实践，在体验品牌服务的同时感受品牌管理的强大魅力，激发了学生学习的热情，同时体现了知识生产模式 2 中知识在异质群体的传播，即从事科学研究和技术生产的除了大学外，还有企业等机构。越来越多的潜在场所开始承担研究工作，高校不再处于知识生产垄断者的地位，知识生产的场所及其相关的交流网络也随之转移，知识出现了弥散，即知识在大范围的潜在知识生产场所之间和不同应用环境之中进行传播。

案例 2 清华大学工程管理硕士教育中心的“全球移动课堂”

2017 年 9—10 月，清华大学工程管理硕士教育中心移动课堂欧洲行，邀请荷兰伊拉姆斯大学鹿特丹管理学院、德国科隆大学的著名教授授课，并参访了鹿特丹港、剑桥创新中心、荷兰鲜花拍卖行、西门子集团和慕尼黑宝马总部，涵盖了工程制造、汽车制造、工业 4.0、创新创业等诸多领域，途经鹿特丹、阿姆斯特丹、科隆、慕尼黑等地，在参观交流之余了解了欧洲的文化风俗，拓展了学生的国际化视野，提高了学生的创新思维能力。[②]

此案例中，通过在国外的参观与学习，学生体验到了国外一流企业是如何管理、分工、协作的，生产制造体系又是如何实现精益化、信息化、自动化与智能化的。学生在与企业面对面的交流和接触之中，不仅关注生产技术和管理，更关注企业的文化、思路和眼界。清华大学与不同地区的行业一流企业建立了良好的联系，反映出了知识生产模式 3 中“集群”和“网络”效应的萌发。

案例 3 北京林业大学风景园林硕士的“游历课程”

北京林业大学风景园林硕士的“认知计划”是离境三周的教学活动，内容的确定基本按照西方风景园林发展历史脉络，兼顾时间发展走向、风景园林发展特征演变，按照“古典—理性—荣光”的欧洲风景园林发展演变轨迹，沿途考察了意大利古典风景园林足迹与建设成就、德国现代风景园林建设成就、法兰西荣光辉煌风景园林发展成就，其间还穿插了荷兰、比利时等国现代城市风景园林建设考察。作品注重学生审美情趣、视觉表达等技能训练，每名风景园林硕士选取 3～5 张具有个人代表性的摄影作品参加学校的

① 上海对外经贸大学工商管理学院.《时尚与奢侈品营销》移动课堂走进手表中蓝血贵族——百达翡丽[EB/OL].(2017-09-30)[2018-01-30]. https://www.suibe.edu.cn/gsgl/2017/0930/c5501a54167/page.htm.

② 清华大学工程管理硕士教育中心.更好的移动课堂等你来——“百年企业 巅峰品质” 清华 MEM 德国-荷兰移动课堂[EB/OL].(2017-10-25)[2018-01-30]. http://www.imem.tsinghua.edu.cn/info/1194/1205.htm.

认知摄影展览。学生自行确定综合报告主题，围绕主题选择2～3处教学场地进行综合分析，包括场地历史背景、成就以及特色、设计理念、现状感受以及评价等。

案例中"游历课堂"的场地由书本转移到现场，选取世界范围内最具代表性和典型性的风景园林设计作品为教学对象和教学元素，让风景园林硕士在实际场地中对风景的认知从抽象变为客观现实。考核也充分发挥学生主观能动性，将专业知识的考核与学生所感所思、体会心得相融合，反映出专业学位的反思性。

(二) 校外行业人员向校内"移动"

案例4　湘潭大学法律专业学位的"期货大讲堂"

2012年，由湘潭大学、上海期货交易所等联合主办的"期货大讲堂"走进湘潭大学活动在湘潭大学举行，投资者、教育部有关人员从期货理论、交易策略与职业规划等角度进行了演讲。同学们学习热情高涨，在互动环节中提出的许多问题也一一得到了解答，此次活动达到了预期目标，受到了师生的高度评价。①

"期货大讲堂"走进高校的活动，一方面面向在校大学生普及了期货知识，宣讲了我国大力发展期货市场服务国民经济的重大战略意义，宣传了期货服务实体经济的理念；另一方面通过辐射周边，扩大了期货知名度，为中国期货市场培育高素质的潜在投资者和从业者奠定了基础。学生足不出户就可以了解行业前沿，领略行业名家风采，系列讲座给在校学生提供了一些有益的信息和帮助，对其他需要对期货市场做进一步了解和研究的学生也有参考意义，扩大了知识传播的群体。学习团队较少以稳固的、制度化的方式呈现，参与者大多是临时性加入团队中，这种团队在问题得到解决或重新定义之后即解散。学员可能与不同的人，在不同的地点，围绕不同的问题，再重新组合到不同的团队中，尽管问题和解决问题的团队是流动的，但学生在此过程中培养的能力、取得的经验却保存下来，并可以将之运用到新的情境中。

从外在表现形式上看，移动课堂是场地的转换和拓张，但其内在体现的是高校与外界的互动、异质群体(高校与行业企业、行业协会、学会等)之间的沟通和互动，以及知识在异质群体中的传播。无论是高校师生向校外"移动"，或是校外人员向校内"移动"，专业与行业之间逐步建立起联系，有利于培养面向行业的专业学位人才。移动课堂使学生接触到行业产业的最前沿，丰富了学生获得知识的途径。

---

① 湘潭大学法学院.上海期货交易所"期货大讲堂"走进湘潭大学活动隆重举行[EB/OL].(2012-04-20)[2018-01-30]. https://law.xtu.edu.cn/info/1036/2989.htm.

三、在线课程

在线课程通过应用信息科技和互联网技术进行内容传播，以其便捷性、高效性和低成本的特征为人们提供了良好的学习平台和学习方式，突破了时空和师资等条件的限制。对于专业学位研究生，特别是部分在职专业学位研究生来说，在线课程是其学习的有效手段。在线课程扩大了知识生产参与者范围，体现了知识生产模式 2 中多元参与者的特征。

案例 1 北京师范大学的网络教育课程

北京师范大学打造全国教师教育资源整合的平台“下一代互联网教师教育创新支持系统应用示范”项目。该平台将实现对教师教育职前、职后一体化的支撑，全面支持免费师范生、教育硕士、在职中小学教师等用户的校内辅助教学、教学实践、远程学习、学位论文、在职研修等不同阶段多种形式的学习，支持对教师职前、职后教育的多维度的评价；在空间上实现对多所师范院校和中小学教师教育的全面支持，多所师范院校可以同时在平台上开课，开课教师可设置课程的公开范围为本班级、本校、多所院校或完全公开。①

案例 2 中国石油大学(北京)的混合式教学

“中国石油文化”课程在“学堂在线”慕课平台上线，该课程凝练和概括了中国石油文化的内涵、外延，梳理了石油文化发展的历史脉络，挖掘了石油文化的当代价值，是学生深入了解石油行业的一个窗口，是传承和弘扬石油文化的一种途径，是社会主义核心价值观教育的载体，对于涵养石大学生综合素养、提升学校特色、增强学校软实力、适应“新工科”发展具有重要意义。②

案例 1 和案例 2 展现出在线课程突破了教学时间和空间的限制，加速了知识的传播，是知识传播的助推器。在线课程的开放性与专业学位的开放性相契合，“互联网＋高等教育”用互联网思维激发高等教育的活力，互联网深度融合于高等教育教学的各个环节，利用信息化促进教师教学和学生学习的双重变革，提高个性化互动教学水平，创新人才培养、科学研究和管理模式，提高人才培养质量和办学水平。在线课程的快速发展，彻底打破了精英大学垄断优质课程的局面，实现了跨校之间的课程共建共享。

---

① 根据下一代互联网教师教育创新支持系统网 http://ipv6te.bnu.edu.cn/信息整理得出.

② 中国石油大学马克思主义学院. 石大“中国石油文化”课程在“学堂在线”慕课平台上线[EB/OL].(2017-03-20)[2018-02-05]. http://www.cup.edu.cn/news/zhxw/142286.htm.

四、工作坊

工作坊一般是有经验的主讲人讲解后，学生通过活动、讨论等方式，共同探讨某个话题。工作坊可以帮助学生针对某一个问题进行更加深入的探讨，学生在工作坊中能够充分思考和发表观点，吸纳更多的观点，同时由有经验的人给予引导，会优化学习的效果。

案例 1　清华大学国际工程教育工作坊

自 2011 年起，清华大学工程教育中心与国际工程教育发展研究院联合举办国际工程教育工作坊。七年中，有超过 100 所大学的 800 余位人员参加了工作坊，包括主管教学的副校长、教务处长、教师发展中心负责人、工科院系主任、一线教师和研究人员等。通过主题报告、专家问答、头脑风暴等环节，工作坊成员对工程教育相关内容进行了充分的交流和探讨，对加强工程教育国际学术交流、推动国内高校工程教育改革与发展发挥了积极作用。[①]

清华大学工程教育工作坊关注的主题，既反映了工程教育的国际实践状况，也符合中国大学的本土要求，一些教育理念与教学方法已在不同类型的大学“扎根”“开花”“结果”。将国际上最前沿、最先进的工程教育教学方法积极应用到我国工程教育实践工作当中，不仅让国际工程教育经验惠及中国，同时通过中国实践为国际工程教育发展贡献中国力量，培养新一代工程师来应对科技革命以及可持续发展目标所带来的重大挑战和重要使命。在全球产业升级的背景下，国际工程教育注重工科人才创新、创业能力的培养，推动工科人才的跨国界培养以及工程师国际流动。[②]

工作坊课程是着重培养学生实践能力的一类课程，由指导教师全面制定教学计划和实施方案，全程突出实践。

案例 2　南京大学建筑学专业学位工作坊课程

工作坊课程是指以培养学生实践能力为主要目标的一类课程，由指导教师全面制定与设计教学计划实施方案，学习计划突出实践，通过真实项目检验学生的实践与理论学习效果。在课程学习过程中，学生可运用多种学习方式，还特别强调学生自学。通过专题工作坊，形成教学、研究和实践三位一体的现代设计教育模式。研究显示，课程实践性方面，工作坊课程效果

---

① 清华大学教育研究院. 清华大学举办第七届国际工程教育工作坊[EB/OL]. (2017 - 07 - 18)[2017 - 12 - 30]. https://www.ioe.tsinghua.edu.cn/info/1175/1684.htm.

② 中国工程院. 联合国教科文组织国际工程教育中心举办第七届国际工程教育工作坊[EB/OL]. (2017 - 07 - 21)[2017 - 12 - 30]. http://www.cae.cn/cae/html/main/col125/2017 - 07/21/20170721165733006551672_1.html.

明显优于其他课程，这也说明工作坊课程给予了学生项目实际操作的机会，锻炼了学生的实践能力。①

该案例体现了知识生产模式 2 中的应用性特征，特别是在课程内容的实践性和联系社会需求方面，比传统的实践课程更受学生的欢迎和好评。通过工作坊课程的学习，学生可以对当前行业领域的现状、前沿和实践需求有更深的理解，从而为下一阶段的实践打下坚实的基础。

认知实践体现了知识生产模式 2 的要素特征。其中，应用情境表现在应用性课程的设置，课程的实验和观察环节；跨学科表现在来自实践中的问题很难限于单一学科领域，一般都具有跨学科特征；参与者表现在有一定行业人员的参与；场地范围表现在校内和校外的实地现场；组织形式表现在以学校统一组织为主；质量控制表现在教师或行业人员、认识实习委员会等。知识生产模式 2 的要素特征在认知实践中的表现如表 4-1 所列。

表 4-1 知识生产模式 2 的要素特征在认知实践中的表现

知识生产模式 2 要素	认知实践知识生产的条件	认知实践的表现	认知实践要素
应用情境	应用性课程的设置，课程的实验和观察环节	案例教学、移动课堂、在线课程、情景模拟、工作坊等	通过概念、判断、想象等心理活动获得知识
跨学科	来自实践中的问题很难限于单一学科领域，一般都具有跨学科特征	需要用跨学科知识解决实践问题	
参与者	学生、教师、少量行业人员	授课讲座、前沿讲座、带领认知实习、企业参观与考察、海外游学	
场地范围	高校、少量合作基地	校内、校外(企业等现场)	
组织形式	统一组织，以合作、协议为主	正式为主，个体非正式为辅	
质量控制	教师或行业人员、认识实习委员会等	实习参观汇报会，案例学习研讨体会展示、仿真实验观察结果评价等	

① 吴恺，杨茜. 专业学位研究生实践课程教学改革的成效和对策建议——以南京大学为例[J]. 研究生教育研究，2020(4):60-65.

第二节　操作实践的形式

目前，培养单位普遍认为操作实践是专业学位研究生教育中的实践环节，主要有三种形式。一是多元层级实践基地，有的学校称其为“集中实践”。近年，我国专业学位相关政策明确提出建立实践基地，各地也开始广泛建立实践基地，取得了一定的成绩且富有地方特色，但建设水平参差不齐，有些还难以满足学生的需求。二是传统的校内导师主导项目的实践，这种实践反映了导师对专业学位认识的分歧，即专业学位能不能和学术学位区分，如果不能，那么专业学位学生可以和学术学位学生一样，跟随导师做项目，这种实践可以说是脱胎于学术学位实践的。三是学生自由实践，即目前一些培养方案中提到的“分散实践”，在这种实践下，学生自主性更强，但不易被监督和管理。

一、多元层级实践基地

实践基地是中国专业学位的特色，得到了政府的大力支持。国家层面出台了多项政策文件鼓励、支持专业学位实践基地建设，如 2010 年国务院学位委员会印发的《硕士、博士专业学位研究生教育发展总体方案》要求高校“与实际部门建立长期、稳定、实质性的联合培养机制……建立多种形式的实践基地”。2015 年，《教育部关于加强专业学位研究生案例教学和联合培养基地建设的意见》中要求各省区市教育主管部门、各专业学位教育指导委员会、专业学位培养单位进一步加强基地建设，推进产学结合。

专业学位教育指导委员会积极为实践基地建设搭建平台和创造条件。2015 年，全国会计专业学位研究生教育指导委员会开展了示范性联合培养实践基地评选活动，10 家会计硕士学位培养基地获选全国会计硕士专业学位示范性联合培养实践基地①；全国工程专业学位研究生教育指导委员会着力构建“服务区域企业需求、面向全国培养单位”的实践平台，促进基于该平台形成“汇聚双方资源，服务双方需求，协同双方行动”的研究生联合培养体制机制。2016 年，全国工程专业学位研究生教育指导委员会与广东省教育厅签订加强联合培养基地建设的战略框架协议，双方一致同意着力深化工程专业学位研究生教育综合改革，在推进全日制工程硕士专业学位研究生的联合培养、在线课程建设、混合式教学、师资培训等方面深入合作，对接广东省产业发展需求。

---

① 中国会计视野网.全国会计硕士示范性联合基地名单公布[EB/OL].(2015－09－15)[2017－12－30].https://news.esnai.com/2015/0915/119828.shtml.

优秀实践基地在科研项目数量、管理规章制度、校外导师队伍建设等方面取得了较好的成绩。其共同特点是:第一,拥有雄厚的科研实力和重视科研人才的氛围。实践基地承担了大量国家级课题和省部级课题,如"973 计划"项目、"863 计划"项目,多数联合培养单位是"国家技术创新示范企业""国家级企业技术中心"等,科研活动获得了高度认可。第二,各类管理规章制度内容全面。覆盖校企联合招生选拔制度、培养方案联合制定制度、实践基地导师遴选制度,教材编写与案例教学、现场专业实践和论文研究指导,学位论文开题、中期检查与答辩及毕业标准制定,毕业总结反馈,企业基地保障等内容,对于学生安全、知识产权、保密等问题也有明确规定。第三,校外导师主要由行业专家和资深人员担任,多数为高级工程师或以上职称,实践经验丰富。

目前,在我国专业学位方面有多种形式的实践基地,可以分为国内实践基地、国外实践基地和国际实践基地,各种实践基地各有特色。

(一) 国内实践基地

1. 校内实践基地

校内实践基地侧重基础实验,适用于通用性、基础性、长久性的设备和实习内容。部分高校积极拓展校内实践空间,充分利用学校现有资源,加强对校内实践基地的建设。

案例 1 西安建筑科技大学的校内实践基地

西安建筑科技大学从学校实际出发,立足行业背景,挖掘校内潜力,构建了不同模式的校内实践基地。第一,校企研发平台模式,学校与中联西北工程设计研究院有限公司联合成立"陕西省生态城市工程研究中心",围绕4个板块开展研究,如生态城市的系列研究。第二,校办产业模式,学校现有3个甲级资质设计研究院、多家校办产业,均接受专业学位研究生实践。第三,市场化模式,由学校投资建设园区,将专利、固定资产作为合作资产,引进企业进行投资经营。招商引资运作是由学校吸引企业在规划区域内进行全额投资的运作模式。第四,仿真模拟模式,其中建筑信息模型(Building Informatian Modeling,BIM)是指将土木、信控及管理学院相关领域集成,实现建设项目信息的 3D 表达。[①]

此案例中,校内实践基地形成了四种模式,知识生产模式 2 的特征体现在:前三种模式是学校积极与外界合作,积极争取政府、行业企业的支持,拓展合作领域,为企业走进学校创造便利条件,明确各方的责任、权利和利益等,将双导师制落在实处,学

① 瞿伟,夏进文,宋蕊,等. 全日制专业学位研究生校内实践基地模式探索——以西安建筑科技大学为例[J]. 西安建筑科技大学学报(社会科学版),2017(1):92-95.

生不用长时间地奔波于高校与校外实践基地，便于学校的管理和监督；第四种模式鼓励学院、专业的交叉，跨学科性质明显。

2. 校外联合培养实践基地

校外实践基地侧重生产实践，注重与企业等真实生产环境对接。我国多数高校与联合培养单位在建立实践基地之前就保持了长期的密切合作关系，合作基础牢固，经验丰富。大多数校外联合培养基地具有支撑专业学位实践活动的优越科研条件，承担了大量国家级课题和省部级课题，规章制度也较为完备，各种合作协议的签订使原来“松散的、不稳定的合作”转变为“有组织的、稳定的合作”。在全国工程专业学位教育指导委员会评选的第一届“全国示范性工程专业学位研究生联合培养基地”中，企业和科研机构合计约占联合培养单位总数的95%，越来越多的政府部门、事业单位成为实践基地的联合培养单位。①

案例2　第二届某“工程硕士实习实践优秀成果获得者”

华北电力大学工业工程某学生是全国第二届“工程硕士实习实践优秀成果获得者”，该生的实践单位是太原市城建工程事务所，实习项目是广州亚运工程项目，是我国近年来一项特大型建设工程项目。在实践中，该生结合所学的工程管理知识、计算机知识以及软件开发技能等，针对如何及时、科学、有效地对大型建设工程项目实施状态进行分析与诊断展开了研究。该生在融合了工程项目管理学、信息学、循证科学等学科知识的基础上，通过对建设工程项目实施过程中质量、进度、费用、安全等问题发生、发展及其变化机理的分析，提出了一套对工程项目实施状态进行分析与诊断的指标体系；然后基于系统工程学、诊断学和统计学等学科知识，提出了对工程项目所处状态进行科学诊断和综合评判的新方法。在此基础上，该生主持并负责开发了大型建设工程项目管理仿真平台，完成了这一管理系统的需求分析、功能设计和数据库构建以及代码编写等具体工作。②

该案例中，知识生产模式2的特征体现在：问题的处理不是知识生产模式1中的那种按照特定学科操作规则，而是围绕特定的现实问题，广州亚运工程项目来自现实需求，研究生以项目组成员的身份加入课题组，在校内导师和企业导师的联合指导下完成项目研究。跨学科特征明显，由于项目覆盖面广、涉及专业多，该生综合运用多学科知识和技能，包括工程管理知识、计算机知识以及软件开发技能等。质量控制方面，研究者还要考虑项目的质量、进度、费用和安全，反映出质量标准的评价受到多因素的影响。这种实践基地内的项目协同打破了学校与企业的地理界限、课堂学习与

① 马永红，张乐，高彦芳，等. 我国工程硕士联合培养实践基地状况分析——基于28个工程硕士示范基地[J]. 学位与研究生教育，2016(4)：7-11.

② 根据第二届“工程硕士实习实践优秀成果获得者”申报材料整理.

实践研究的空间界限，以实践基地的合作项目为纽带，汇集了高校和企业的资源要素，实现了校企协同培养人才的目标。依托项目，研究生的很多实践成果被企业应用到实际生产中，并产生了明显的经济效益。

案例 3 中国科技大学苏州独墅湖科教创新区

中国科技大学苏州独墅湖科教创新区囊括了中国科学院苏州纳米技术与纳米仿生研究所、苏州独墅湖高等教育区各大高校，以及苏州国际科技园、创意产业园、苏州生物纳米科技园、腾飞苏州创新园、大学生科技园等产业载体，已是一座集教育、科研、新兴产业为一体的现代化新城区。该创新区不仅获得了全国首个“高等教育国际化示范区”，而且是全国首个拥有国内学位授予权的中外合作大学、全国首个中外合作办学研究院、全国唯一由地方政府主导的“2011 计划”协同创新中心、全国首个专业化国家大学科技园、全国首个纳米技术产业化标准化示范区，曾获得全国最高等一批“第一性”“唯一性”荣誉。[①]

该案例充分反映出知识生产模式 3 中的“集群”和“网络”概念。该基地集教育、科研、创新产业为一体，形成了多维、立体、网络化、开放化的知识结构；“部门集群”，在该基地中，高校、研究所、产业园业已形成跨部门的联合体，在此联合体中，各方扮演了不同角色，中国科技大学苏州独墅湖科教创新区管理委员会作为中间主体“搭台唱戏”，中国科技大学提供 “人力资本”要素，科研机构发挥“引领前沿”的作用，企业提供“市场”要素，各方协同，相互作用，相互补充，为学生搭建了一个实践的“网络”。

(二) 国外实践基地

通过在国外实践基地的学习，学生可以了解国际上专业领域的整体思路、发展方向、先进技术，反思我国的现状和不足。实践基地作为我国对外宣传和引进人才的窗口，加快了我国行业与世界先进水平接轨；也作为特殊通道，为我国行业与国际行业技术交流开辟了新的途径。

案例 4 上海电机学院工程硕士海外学习项目

上海电机学院于 2012 年开始工程硕士(电气工程领域)培养工作。风电产业(尤其是海上风电)是上海培育战略性新兴产业、推进高新技术产业化的重点方向之一，因此企业需要大量能够从事风电设备系统集成、故障诊断等工作的高级工程技术人才。上海电机学院正是基于此需求开展工程硕士人才培养。上海电机学院与瑞典哈姆斯塔德大学合作，定制开发了为期 3 个月的“风电与创新”海外学习项目，依托不同经营领域的风电企业，以世

① 瞿小飞. 苏州独墅湖科教创新区在协同创新建设中的政府职能定位研究[D]. 苏州：苏州大学，2014：15.

界第一风机品牌 Vestas 风机为学习对象，依次围绕风电场的规划、建设、运行及并网等项目全过程的开展顺序进行全程学习。2012 级、2013 级、2014 级各有 27 名、30 名、30 名研究生参加海外访学项目学习，占该专业研究生总数的比例分别为 67.50%、38.96%和 42.25%。该项目得到了社会较高关注，《新闻晨报》、上海教育新闻网等 5 家媒体陆续对其进行了报道。

上海电机学院为服务国家特殊需求、校企深度合作、职业化与国际化培养德智体全面发展的人才所做出的探索和尝试，具有一定的普适性和推广价值。知识生产模式 2 认为，在激烈的全球化竞争中，国际性的科学合作应逐步增加，该案例体现出知识生产跨越了国界。

案例 5 重庆大学国际化物流工程专业学位人才培养模式实践

为响应“一带一路”倡议，充分发挥重庆市位于长江上游独特的物流枢纽优势，为“渝新欧”国际铁路联运的顺利贯通和重庆成为欧亚大陆桥新起点及西部物流中心提供有力的人才支撑，重庆大学作为“一带一路高校联盟”成员着力建设“双一流”高校平台，面对国内高端物流人才紧缺状况，根据国内外物流行业发展状况，在充分研究物流学科特点和未来发展方向的基础上，提出要实施物流专业国际化研究生培养项目。重庆大学采取由机械工程学院、经济与工商管理学院、自动化学院和建设管理与房地产学院跨学科、跨专业及跨领域复合培养模式进行人才培养；同时与国际著名的安特卫普大学进行校校合作，采用“2＋1”培养模式，即实行 2 年在重庆大学培养、1 年在国外知名院校培养的联合培养模式，实践环节、论文环节等在合作培养学校完成。重庆大学将本校的物流专业和安特卫普的物流运输与海运管理学院相关专业合作，通过教师流动教学、互派留学生的方式，打造本校国际化物流专业，培养优秀的国际化物流人才。

该案例中，为响应“一带一路”倡议，为国家管理部门、自贸区、港口、交通运输部门、物流公司、运输企业等输送优秀物流专业应用型人才，重庆大学设立了物流专业国际化研究生培养项目；整合不同学院，跨专业、跨学科培养人才；与安特卫普大学合作，使学生了解跨国物流运作流程，掌握相关国际物流理论、法律规则、财务管理、信息管理等知识，能够运用相关物流知识和理论解决实际问题。

（三）国际实践基地

国外高校在我国建立实践基地，体现了我国专业学位的国际影响力。目前已有少数高校开辟了国际实践基地。

案例 6 华东师范大学曹杨第二中学实践基地

2014—2017 年，德国柏林洪堡大学共计派出 10 名教育硕士研究生到上海市曹杨第二中学，与华东师范大学的教育硕士研究生一起开展教育实践，与此同时，学术交流与互访也在三校教师间展开。该项目已运行三年，既拓宽了基地学校教师的国际化视野，又提升了高等教育学校研究生培养的国际化水平，同时获得了显著的社会效益。2015 年 9 月，该基地被德国柏林洪堡大学认定为教育硕士海外实习基地。

该案例中，作为教育硕士全国示范性实践基地，上海市曹杨第二中学一流的教育教学水平和国际影响力，吸引了柏林洪堡大学教育硕士研究生前来学习。国内外高等教育学生共同进入我国基础教育的一线，这种形式参与者包括三方，即柏林洪堡大学教育硕士、曹杨第二中学师生、华东师范大学教育硕士，体现出了知识在异质性群体之间的弥散。

二、校内导师科研项目

项目培养形式在国外研究生教育中比较普遍，国外许多类似我国专业学位的学位都设置为××项目，这里的项目只是一个称呼，不一定是在真正做项目。例如，英国格拉斯哥大学教育学院授课硕士项目，形式多样，颁发 5 种类型证书，包含不同的学习阶段，每个学习阶段又分为若干项目，包括课程、实地考察、论文等。

本节所提到的项目是真正地做项目，主要是校内导师所承担的来自政府、企业和其他部门的纵向或横向的科研课题。这种形式方便校内导师指导学生，但由于双师型导师的比例还不高，校内导师基本以学术型导师为主，学生实践的学术性可能浓厚一些，学生外出实践的机会少，与行业联系受限，学校培养的学生与产业需求的契合程度有待考量。笔者于 2015 年 4—6 月参与了导师专业学位培养模式研究现状课题组在全国范围内的调研，上海等地专业学位管理人员、专业学位点负责人和学生对这一实践形式表达了各自的观点，也折射出了学生选择这一实践形式的原因。

第一，对专业学位和学术学位的区分不是很清晰。在访谈中，上海某高校专业学位的管理人员谈道：

专业学位像是从整个传统教育体系中分离出来的，一直以来各个专业学位培养单位都在强调与学术学位的差异，但是差异究竟有多大还是不清楚。学生在课题组、实验室做的都是一些应用型课题，也是可以当作实践的。

重庆市某高校专业学位点的负责人谈道：

我校是传统的工科学校，学科情况决定了老师从事的科研课题基本都是跟实际应用密切相关的，承担的课题也是应用型课题，这种情况下，无法明确区分到底是专业学位还是学术学位。

南京某大学专业学位的管理人员谈道：

专业学位学生的实践实际上与学术学位学生的实践无根本区别。很多专业学位学生入学后所做的事情和学术学位学生几乎没有任何差异，这可能与导师有直接关系，基金、课题多的导师就带着学生做课题，与企业接触多的导师就带学生到校外企业进行实践。目前的人才培养状况与专业学位设立初衷还是有一定差异的。

第二，跟随校内导师做课题可以提升教师对专业学位学生培养的积极性。北京某高校专业学位点的负责人谈道：

学校部分审计专业导师参与硕士培养的热情不高，因为这些导师在读研究生时都是在做科研课题的过程中成长起来的，属于学术出身，在他们自己做导师的时候，也希望使用这种模式。但实际情况是，审计硕士无法给导师做很多事情，因为学制只有两年，第一年第一学期课程很多，还要考各种证书，时间比较紧张，从寒假开始到第二年四月份在校外实习，实习回来就要准备论文开题，而且学校对学位论文的要求也很高，导师的压力也很大，所以他们的积极性不高。

第三，部分教师对实践基地缺乏信心。重庆某高校的管理人员谈道：

校内的科研项目和指导老师是培养学生最有利的资源，如果不用好这些资源，只是单纯地把学生送到企业去，而企业又没有能力去培养，就会出现很多问题。即使是具有行业背景的高校，也无法保证学生在企业实践的持续性，因为时间长了，企业也无法保证有更多的项目可做，也没有过多的精力管理学生。

当然，学生对于这种实践形式也褒贬不一。上海市某高校的专业学位学生谈道：

实践基本上就是导师带着学生做项目，项目多在校内，因此有项目的导师不太希望学生外出实践。我认为在校内与校外实践的区别主要在于学术性，如果纯粹是为了实践（如为了以后工作积累经验），我会选择去设计院，因为那里的工作实践性最强；而在校内跟着导师做项目，肯定会有一定的学术性。另外，校内项目一般都在实验室，接触的人较少，做的课题也是跟导师直接相关，需要听从导师的安排，自己很少有发挥的空间。如果是校外实践，可能会得到更全面、更多的锻炼。

上述访谈一方面体现了评价体制机制的不足，即对导师评价的科研导向使一些导师不愿意让学生自由选择实践，而是把学生留在身边为己所用；另一方面也展现了从管理人员到专业学位点负责人再到导师对专业学位的认识，即他们对专业学位与学术学位的区别不是很清楚。比如,某些导师认为虽然应用型课题可以满足学生实践的要求,但校外实践中导师不方便指导学生,学生校外实践的效果难以考察等。跟随校内导师做科研项目在一定程度上依然体现出知识生产模式 2 的特征。

三、学生自主自由实习

学生自主自由实习是指学生根据自身情况、个人兴趣或就业考虑,自主联系实践实习单位,这种实习的实习时间通常要符合培养单位和实习单位的要求,一般为 3~6 个月。实习单位会根据需要拟定实习任务、内容和详细计划,同时指定技术人员给予指导,有条件的同学还可以参与具体的项目开发。在全日制专业学位学生实践过程中,由于某些学校没有实践基地和平台,校内导师也没有充足的科研项目提供给学生参与,学生会自发地外出寻找实习单位,这种实践的自由度很高,学生可以根据兴趣或者经济需求选择实践单位,但是实践与专业的相关度难以保证,对学生的影响也大有差异。

(一)“走过场式”的实践

“走过场式”的实践仅仅是为了满足学校的考核要求,对学生自身知识、能力和职业发展的提升很微弱。某高校法律硕士(非法本法硕)谈道:

> 实习就是为了完成学校教学计划安排的实践,一般是 6 个月,对实习的要求不是很高,只要是和法律专业相关的都可以。我认为校外实习没有太大意义,很多学生都是自己找个熟悉的律师事务所盖个章就算完成了实习。而且从实际情况来看,也不可能在律师事务所实习 6 个月,因为要完成学校 50 个学分的校内课程,涉及 4 个学期,时间安排上也不允许。

该学生的谈话反映出有些学校对实践要求较低,形同虚设,以致学生对实践也不以为意,意识不到实践的重要性,自然也体会不到实践带来的价值。此外,学校课程占据的时间长,实践时间受到了冲击,由此可见,一些学校对课程和实践时间的安排也不利于学生实践。

此外,学生找的实习和专业也不太相关。自己所学的专业知识和社会实际需要的差距较大,很少有对口的实习机会。

该生找到的工作与专业的相关性很小,偏离了专业学位培养人才的初衷。

某些学生实习就是为了未来就业考虑。北京某高校的法律硕士谈道:

> 学校教学计划里有 6 个月的实习安排,但学校不作强制要求,也不给学生安排实习。我所学的专业是非常边缘的,很多同学毕业后找工作很困难,心理压力也比较大,因此同学们都希望找一些能够解决工作的单位去实习。很多同学毕业后,都是回老家找工作,留在北京的机会很少。

在就业竞争压力与日俱增的境况下，为了解决未来工作而寻找的实践，往往无法提升学生自身的人力资本，因为实践的目标发生了偏移，可见学生实践的动机受到了社会大环境的影响。

(二) 与专业密切相关的实践

与专业密切相关的实践将学生所学专业知识与行业产业实际密切联系，所学即所用。某高校的金融硕士谈道：

> 从研一结束的暑假开始实习，除了民商银行外，还在地方的中国银行、投资公司实习过，最后没有去银行工作，因为股份制银行很难解决户口问题。找到与自己所学专业对口的实习单位还是很容易的，但是想找到特别满意的比较难，毕竟这两年就业竞争太激烈了。实习环境及待遇方面：在银行实习没有薪资，每月只有500元饭费补贴；在投资公司实习要好一些，工作环境也不错。实习收获：之前对银行没有太多了解，虽然实习期间不能接触很多核心业务，但是至少能了解银行的基本运行和制度，这也是为什么最后没有选择去银行工作。

此访谈与前一访谈的相同之处就是找实践单位受到了行业产业现状的影响，虽然该金融硕士的实践与专业密切相关，但最后却选择了改行，这种实践产生的影响出乎意料，体现了学生理想中的工作与实际工作的较大差异，学生通过实践对未来从事行业有了进一步认识。

某高校教育硕士(科学与技术教育方向)在中国科技馆实习后谈道：

> 科技馆对于实习学生需要掌握的知识要求很高，自己所学专业与单位要求的不是很一样，具体需要什么专业方向的科普人才，科技馆有自己的要求和预期，但是这些都是在实习和面试期间才知道的。要改变这种情况，则需要学校预先与科技馆进行沟通，了解科技馆需要具备哪方面技能、能胜任哪方面工作的人，然后在课程设置上跟科技馆加强联系，从而有计划、有目的地培养学生。

该学生的实践反映出了学校所教与实际所需的不一致，学生认为学校应该主动对接实践单位的需求，做到有的放矢，加强培养的目的性和针对性。比如，经常举办一些国际性学术会议，使学生了解行业和学术前沿；经常组织一些有关展品设计或理念创新、方案设定和修改方面的研讨，推出一些有特点的科普教育活动等，这些都可以密切学生与行业的联系。

操作实践的三种形式各有优势和不足，同时也存在困境，具体如表4-2所列。

表 4-2 操作实践的三种形式的比较

比较方面	实践基地	校内导师科研项目	学生自主自由实习
优势	学生在真实的工作情境中实习，能够锻炼多方面的能力；有的学生直接留在企业就业，或者是订单式培养，增加了学生的就业机会	易于校内导师的指导，易于了解学生状况，易于体现研究的学术性	凭借自身兴趣、需求选择，自主性强
不足	不容易考察学生的实践效果；学生可能被当成廉价劳动力；校外导师不能及时指导学生	学生缺乏实践的自由，与产业界的联系可能受限；难以保证导师的观念与社会需求一致	实践效果不易被测量，实践时间难以保证，难以得到导师的指导
困境	实践基地的数量难以满足需求，地点偏远、某些属于艰苦行业	这种实践是按照学术型硕士培养的方式进行的，难以体现与专业学位的区别	受到行业产业发展环境的影响，缺乏稳定性，可能导致专业与就业不对口

操作实践的形式更加深入地体现了知识生产模式 2 的特征，且体现了知识生产模式 3 的特征，其中以实践基地表现得最为明显。应用情境：学生深入行业产业科研、生产的一线；参与者与跨学科：行业人员的广泛参与，问题解决需要跨学科甚至超学科的知识；场地范围：校内（实验室、工程技术研究中心、科技园等），校外（企业研究生工作站、联合培养基地）；组织形式：学校统一组织、导师安排和学生自由选择；质量控制方面：根据各类专业学位要求而有所不同，报告、专利等新形式相继出现，行业人员逐步参与质量评价。创新区的基地模式集中反映了参与者已形成“网络”、产学研“集群”的特征。实践基地整合了校内外的资源，实践场所由校内延伸至校外，甚至是国外。随着实践场域的拓展，知识的应用有了新的载体—社会现实问题，学生能够接触到真实的实践环境。知识生产模式 2 的要素特征在操作实践中的表现如表 4-3 所列。

表 4-3 知识生产模式 2 的要素特征在操作实践中的表现

知识生产模式 2 要素	操作实践知识生产的条件	在操作实践中的表现	操作实践要素
应用情境	项目、课题来源于实际	学生进入科研、生产的一线	理论知识的验证、运用、创新
跨学科	来自实践中的问题很难限于单一学科领域，一般都具有跨学科特征	实践基地等	

续表 4-3

知识生产模式2要素	操作实践知识生产的条件	在操作实践中的表现	操作实践要素
参与者	校内导师、校内外导师团队	导师或导师团队的现场指导	理论知识的验证、运用、创新
场地范围	校内(实验室、工程技术研究中心、科技园等)校外(企业研究生工作站、联合培养基地)	顶岗实习等,学生亲自参与、设计、操作,研究	
组织形式	校内导师安排;校内外联合培养协议;自己联系	正式与个体非正式	
质量控制	教师和行业人员	报告、论文、专利等	

第三节　反思实践的形式

反思实践是对知识的创新创造,专业学位学生虽然不以学术研究为目的,但也是新知识的创造者。反思实践的主要形式是研究论文,其中主要是学位论文,且目前学位论文依然被认为是体现研究生学术性的考核方式。

除了研究论文外,其他如专利、报告、产品说明、行业标准制定等,既是反思实践的形式,也是知识创新创造的形式,而且某些对行业、社会做出了巨大的贡献,产生了直接或间接的经济效益。

一、研究论文为主

实践不仅利于知识的传播、应用——“实践出真知”,也会产生新的知识——“实践出新知”,专业学位实践还要成为“专业知识的创造场”。认知实践和操作实践都伴随反思的过程。目前,我国专业学位反思实践的主要表现形式是学位论文,一般要求与行业产业的现实问题密切相关,解决问题是出发点和归宿点。对实际问题所涉及的各个方面进行深度分析,从中凝练、抽象出与本专业或领域相关的科学问题,确立研究目标、拟定研究内容、分析关键问题、制定研究策略和实验方案,并分析可能产生的创新点或形成的特色,是认知实践和操作实践成果的主要体现、总结和提炼。

《教育部 人力资源社会保障部关于深入推进专业学位研究生培养模式改革的意见》明确提出强化学位论文应用导向,专业学位论文选题应来源于应用课题或现实问题,要有明确的职业背景和行业应用价值。专业学位论文应反映研究生综合运用知识技能解决实际问题的能力和水平,可将研究报告、规划设计、产品开发、案例分析、管理方案、发明专利、文学艺术作品等作为主要内容，以论文形式表现。专业学位论文应与学术学位论文分类评阅。

不同专业学位的论文形式有一定差别。南京大学口腔医学专业学位研究生可提交以治疗案例总结为基础和以选择最佳治疗方案为目标的循证医学研究报告作为学位论文。上海立信会计金融学院审计硕士学位论文形式主要为案例分析和专题研究，其中，案例分析主要是针对资本市场、注册会计师审计的典型案例展开讨论；专题研究主要针对审计相关领域的实务问题、企业或行业管理过程中的审计相关问题，以及企业或行业所面临的审计实务问题等展开对策研究。华东师范大学教育硕士则采用“论文包”学位论文模式。

案例 1 华东师范大学教育硕士“论文包”学位论文模式

华东师范大学针对招收以应届本科毕业生为主的全日制教育硕士研究生给原有培养模式带来的挑战和冲击，通过学位论文模式的创新来整体推动教育硕士研究生培养模式的改革和创新。即打通教育实习和学位论文两个培养环节，研究和制定新的学位论文标准，促进学位论文形式的多样化，引导学生从教育实习中发现问题、思考问题和研究问题，并在此基础上最终形成学位论文。华东师范大学教育硕士采取的“论文包”学位论文模式，包括实践论文和专题研究两个部分，二者在最终评价中占有不同的权重，各自包含不同作用、具体形式和要求，具体见表 4－4。

表 4－4 华东师范大学“论文包”学位论文模式①

内 容	考核人	作 用	具体形式	要 求
实践论文（40%）	校外导师	学位论文申请材料的重要内容以及学位论文答辩的前提	调查研究报告（50%）	结合教育实习，有目的地进行专题调查，有数据和分析，不少于 3 000 字
			教学反思报告（50%）	对教学实习环节整体、系统的评价和反思，不少于 3 000 字
专题研究（60%）	校内导师	学位论文答辩的主要内容	学位论文、调查研究报告、教育实验研究报告、教学设计等形式	运用所学知识对学校或所在地区的实际问题进行研究，不少于 10 000 字

由此可见，“论文包”的显著特点有两个：一是采用了赋予权重的形式；二是要求论文与实践密切结合，论文是实习实践成果的集中展现。实践论文要求结合教育实

① 马爱民. 全日制教育硕士学位论文的新模式——华东师范大学推行“论文包”学位论文模式的探索和思考[J]. 学位与研究生教育，2013(6)：15－17.

习，有目的地进行专题调查。专题研究要求运用所学知识对学校或所在地区的实际问题进行研究，二者均是在应用情境中完成的，体现出反思实践是认知实践、操作实践的递进和延续。新的学位论文模式强调打通认知实践、操作实践和反思实践，强调引导学生在对前面培养过程的反思中进行思考和写作。

二、其他成果为辅

除了学位论文外，反思实践不断涌现出其他成果形式，有些产生了一定应用价值和经济价值，对行业发展起到引领、推动的作用。

专利、著作等形式在工程硕士毕业成果中体现得较明显。第一届、第二届全国工程硕士示范基地成果中都有专利这一知识成果。例如，中国科技大学在常州先进制造技术研究所实践的工程硕士，撰写被企业采纳的技术方案 50 余份，参与企业横向课题 80 余项，申请各类国家专利 173 项，申请并登记的各类软件著作权 8 项，发表各类论文 178 篇。[①] 西安电子科技大学与中国电子科技集团公司第五十四研究所联合培养的研究生，申请和参与的专利累计 52 项，研究生发表论文累计 25 篇，多次获得中国电子科技集团公司科学技术奖项。[②] 华中科技大学与武钢集团研究生联合培养实践基地工程硕士累计参与申请专利 26 项、软件著作权 2 项，发表论文 94 篇，申请成果鉴定 3 项，这些实践成果为武钢集团采纳后产生了较好的社会经济效益。[③]

除了上述显现的成果形式外，还出现了一些隐性的、未被计入成果中的形式，但其对于行业发展产生了积极影响，不可忽视，如制定行业企业标准、发展规划及咨询建议等。

案例 1　上海财经大学 MBA 项目

上海财经大学 MBA 项目为社会发展特别是经济工作领域的发展做出了很大贡献，项目学生所属企业参与制定行业企业标准的情况较为普遍。2013—2015 年，有 1 人担任财政部会计准则委员会委员，参与制定《会计准则》共 41 项；有 1 人担任中国保监会偿付力监管专家委员；有 1 人担任中国人民银行自由贸易试验区分账核算业务专家委员，参与制定自贸区自由贸易账户(FT 账户)设置及实施标准共 7 项；有 3 人担任中国证券业协会、中国基金业协会从业人员资格考试专家，参与制定从业标准及年度大纲共 5 项；出版的各类研究报告累计超过 400 万字。2013—2015 年，累计上报"专家建议"300 余份，90 余篇获中央和上海市领导重要批示。[④]

---

① 根据第一届"全国示范性工程专业学位研究生联合培养基地"中国科学技术大学申报材料整理.

② 根据第二届"全国示范性工程专业学位研究生联合培养基地"西安电子科技大学申报材料整理.

③ 根据第二届"全国示范性工程专业学位研究生联合培养基地"华中科技大学申报材料整理.

④ 根据教育部人文社会科学重大课题攻关项目"创新专业学位研究生培养模式研究"征集案例整理.

反思实践中知识的创新有了新的形式。例如，参与制定行业企业标准，MBA 学员在实践过程中被吸纳进行业，迅速成长为该领域的优秀人才，学生也可以成为行业的引领者和规则的制定者。

案例 2 北京城市学院社会工作硕士

北京城市学院依托首都本土社会工作人才培养联盟，联合培养社会工作硕士专业学位学生，并开展协同创新。2011 年 10 月，北京城市学院等 5 所民办高校首次获批成为“服务国家特殊需求人才培养项目”、学士学位授予单位开展培养硕士专业学位研究生试点工作单位。2012—2015 年，已培养 200 余名社会工作专业研究生。除校外科研实践基地外，学校在校内成立了北京海淀区北城心悦社会工作事务所，该事务所是以北京城市学院为资源载体的民办非企业单位，承办政府委托或各类基金委托的社区服务项目、社工培育、社区需求调研、社区公益服务和专业社区支援服务等。师生可以通过这个平台，为社会弱势群体提供专业的社会工作服务，化解社会矛盾，解决基层问题。该事务所多次为社会建设领域的相关政府部门组织和承办干部培训，拓宽了他们的工作思路，为今后提高社区服务能力、开展专业服务奠定了基础，并通过组织承办各类政府培训，发挥专业优势服务社会赢得了良好口碑。①

该案例中，学生通过专业学习，掌握了社会工作的专业理论、方法和技巧，坚定了助人的专业价值理念，服务意识和专业能力都有显著提高，且提升了街道社区工作的专业化水平。北京城市学院社会工作硕士为社会弱势群体提供服务，为相关政府部门组织培训，说明这些群体也需要社会工作方面的专业知识。知识需求群体的扩大、知识在不同群体间的传播，加强了不同群体之间的沟通和交流。在此过程中，研究引发的问题有时仅仅依靠专业知识来回答还不够，还要体现出助人的价值理念和人文关怀。这些隐性的成果提升了学生的人际交往等能力，有利于学生未来职业发展。

知识生产模式 2 的要素特征在反思实践中的表现如表 4－5 所列。应用情境：学位论文大多与本专业的现实问题密切结合，主要是对认知实践与操作实践的反思；跨学科与参与者：由于有一定行业人员的参与而具有跨学科特征；场地范围：校内实验室、实践基地等；组织形式：以学校统一组织为主；质量控制：学位论文、专利、报告等，行业人员参与质量评价。

① 根据教育部人文社会科学重大课题攻关项目“创新专业学位研究生培养模式研究”征集案例整理.

表 4-5　知识生产模式 2 的要素特征在反思实践中的表现

<table>
<tr><th>知识生产模式 2 要素</th><th>反思实践知识生产的条件</th><th>在反思实践中的表现</th><th>反思实践要素</th></tr>
<tr><td>应用情境</td><td>对认知实践与操作实践的反思</td><td>学位论文、课堂实际训练和校企合作训练项目报告</td><td rowspan="6">对知识的创新，对能力的反思</td></tr>
<tr><td>跨学科</td><td>来自实践中的问题很难限于单一学科领域，一般都具有跨学科特征</td><td>实践基地等</td></tr>
<tr><td>参与者</td><td>学生、教师、行业人员等</td><td>对知识的反思；对人际交往（团队协作、组织领导、沟通）的反思</td></tr>
<tr><td>场地范围</td><td>高校与合作培养基地</td><td>校内、校外（企业等现场）</td></tr>
<tr><td>组织形式</td><td>统一组织为主</td><td>正式为主、个体非正式为辅</td></tr>
<tr><td>质量控制</td><td>教师或行业人员</td><td>学位论文、专利、报告等</td></tr>
</table>

第五章
专业学位研究生教育实践活动的价值分析

本章用质性研究方法剖析实践的价值。质性研究是人文社会科学的重要研究方法之一，是“以研究者本人作为研究工具，在自然情境下采用多种方法收集资料，对社会现象进行整体性探究，使用归纳法分析资料和形成理论，通过与研究对象互动，对其行为和意义建构获得解释性理解的一种活动”[①]。其类型主要有扎根理论、民族志、叙事研究、个案研究等。质性研究往往从阅读原始资料开始，研究者需要暂时将自己的主观设想和判断悬置，让资料自己“说话”，并在资料中寻找问题的答案，就像一个在河床砂石间的淘金者一样，研究者需要从大量的资料之中筛选出对研究具有重要作用的信息。在阅读资料的过程中，研究者通过不断反思和理解，寻找关键概念、命题，并建立核心概念之间的联系。无论哪种类型的质性研究，其优势都在于可以通过较少的样本进行较深入的研究。研究者本人扮演着极其重要的角色，他们不依赖数字和统计程序所产生的结果，但必须进行创造性地、深入地思考。

质性研究在一定程度上也受到研究者与被研究者之间关系的影响，一般情况下，主要从“局内人”或“局外人”的角度对其关系进行讨论。“局内人”是指那些与研究对象同属一个文化群体的人，他们拥有类似的文化理念、生活经历或习惯以及行为模式等；“局外人”是指那些与被研究群体没有从属关系，处于该文化群体之外的人。研究者在个体特征方面，接受的是学术学位教育，与被访者之间的关系似乎是“局外人”的关系；而在个人倾向和经历方面，由于同是学生，又具备“局内人”的色彩，因此属于具有“双重身份”的研究关系。

“局内人”与“局外人”各有优势。同是学生身份的“局内人”比较容易拉近心理距离，产生感情上的共鸣，对受访者的思维习惯、表达方式、学习经历有更加深刻的理解，看问题会从当事人的视角出发；而“局外人”在心理和空间上与研究对象保持了一定距离，更容易跳出研究对象的“局限”，看到事件的整体发展脉络。

前面已对实践的内涵、形式进行了研究。本章旨在采用质性研究方法，通过访谈材料展现实践的价值和效果。本章的研究问题是：学生所经历的不同实践为自己带来了什么样的收获和价值？

第一节　院校的选择和受访者的构成

课题组在全国范围内进行调研，先后前往上海、南京、西安、太原、合肥 5 地实地访谈专业学位学生，笔者参与了对北京、哈尔滨、重庆 3 地学生的调研。课题组的调研覆盖了 8 个省市，共计 91 所高校，得到了各省市学位办的大力支持，访谈各省市高校的名单如表 5－1 所列。

---

① 陈向明. 质的研究方法与社会科学研究[M]. 北京：教育科学出版社，2000：12.

表 5-1 访谈各省市高校及数量统计

访谈省市	访谈高校
上海市（26 所学校）	复旦大学、上海交通大学、同济大学、上海立信会计金融学院、上海师范大学、上海海关学院、上海政法学院、上海外国语大学、上海戏剧学院、上海大学、华东理工大学、华东师范大学、上海财经大学、上海体育学院、上海海事大学、上海电力学院、上海海洋大学、上海中医药大学、上海应用技术学院、上海音乐学院、华东政法大学、上海市委党校、上海国家会计学院、上海工程技术大学、上海对外经贸大学、上海第二工业大学
黑龙江省（15 所学校）	哈尔滨工业大学、哈尔滨工程大学、东北林业大学、东北农业大学、黑龙江大学、哈尔滨医科大学、哈尔滨理工大学、哈尔滨师范大学、黑龙江科技大学、哈尔滨商业大学、齐齐哈尔大学、黑龙江东方学院、牡丹江医学院、牡丹江师范学院、黑龙江中医药大学
北京市（7 所学校）	北京工业大学、首都师范大学、首都经贸大学、北京工商大学、北京联合大学、北京石油化工学院、北京城市学院
山西省（5 所学校）	太原理工大学、山西大学、山西财经大学、中北大学、山西农业大学
重庆市（10 所学校）	重庆大学、西南大学、西南政法大学、重庆理工大学、重庆交通大学、重庆邮电大学、重庆工商大学、重庆师范大学、四川美术学院、四川外国语大学
江苏省（9 所学校）	南京大学、东南大学、南京农业大学、南京师范大学、南京工业大学、南京医科大学、南京财经大学、南京信息工程大学、南京工程学院
安徽省（8 所学校）	中国科技大学、安徽大学、安徽师范大学、安徽理工大学、安徽医科大学、安徽工业大学、安徽工程大学、合肥学院
陕西省（11 所学校）	西安交通大学、西北工业大学、西安电子科技大学、西北大学、西安建筑科技大学、西安音乐学院、西安科技大学、西安理工大学、西北政法大学、西安工业大学、西安石油大学

此次调研充分考虑了地域和院校层次。从地理区域来看，涉及华北地区（北京、太原）、东北地区（哈尔滨）、华东地区（上海和南京）、中南地区（合肥）、西南地区（重庆）和西北地区（西安），且各地区均有综合性高校、行业特色高校和应用型高校参与调研，“211 工程”高校、“985 工程”高校、其他普通本科高校也均占有一定比例。

访谈对象均为 2015 年即将毕业的应届专业学位硕士研究生，每个学校访谈 1～2 名学生，共访谈 98 人。本章对其中 28 名学生的访谈文本进行了分析，这些学生来自 10 个专业学位，分别是工程、教育、农业、临床医学、工商管理、翻译、艺术、社会工作、金融和法律（表 5-2）。他们或多或少经历了专业实践，作为专业实践的体验者和获得者，他们对专业实践的直观认识在一定程度上反映了目前我国专业学位研究生教育中实践的现状和价值。该调研遵守研究伦理，获得了各省市学位办的认可，并征得了访谈者的同意。

表 5-2 调研访谈对象情况

专业学位类别及人数	所属地域	访谈学生编号	专业学位类别及人数	所属地域	访谈学生编号
工程(13)	哈尔滨市	GC1	教育(3)	重庆市	JY1
	哈尔滨市	GC2		上海市	JY2
	西安市	GC3		西安市	JY3
	西安市	GC4	农业(2)	重庆市	NY1
	西安市	GC5		西安市	NY2
	太原市	GC6	临床医学(2)	上海市	LC1
工程(13)	合肥市	GC7		上海市	LC2
	合肥市	GC8	工商管理(2)	北京市	GS1
	北京市	GC9		北京市	GS2
	南京市	GC10	法律(2)	北京市	FL1
	南京市	GC11		太原市	FL2
	南京市	GC12	社会工作(1)	南京市	SH1
	南京市	GC13	金融(1)	合肥市	JR1
艺术(1)	上海市	YS1	翻译(1)	哈尔滨市	FY1

笔者在采访之前已经通过多种方式从多个视角对专业学位进行了研究。例如，博士一年级期间，笔者就对本校的教育硕士、公共管理硕士、工程硕士共 30 人进行了小规模的访谈，并参与了本校专业学位教师访谈、工商管理硕士教育指导委员会专家访谈，积累了一定的研究经验；2014 年，对 9 所“211 工程”高校进行了问卷调研，对专业学位的培养情况有了一定了解；向国外专家英国诺丁汉大学 William 教授、格拉斯哥大学教育学院 Barbara 教授就专业学位相关问题进行了请教和探讨。综上，笔者对专业学位及实践状况有了一定的积累，为后面的访谈奠定了基础。

虽然有上述研究作储备，但笔者依然信奉建构主义，将自己当成一名“学习者”，以向学生学习的姿态、开放的心态来了解他们的所思所想，而不是将自己当成权威对他们指手画脚，研究结果试图揭示研究对象自己看待事物和解释事物的方式。

第二节 焦点团体访谈的实施

“焦点团体访谈”是一种常见的访谈形式，访谈通常集中在一个焦点问题上，研究者组织一群参与者就焦点问题展开深入讨论。[①] 每到一地，访谈就聚集了该地若干学校的数位学生，更适合采取焦点团体访谈的方式进行，人数控制在 15 人以内。

作为社会科学研究中的一个热门研究方法，焦点团体访谈具有许多优点。第一，鼓励参与者相互之间开展沟通和交谈，不局限于与研究者的谈话。在个别访谈中，由于没有“参照物”进行对比和比较，受访者的积极性和“辩论”意识较难调动起来，而在团体访谈这样的环境中，大家一起讨论问题，参与者平时意识不到或者未放在心上的想法或者情绪可能会不由自主地冒出来。第二，研究者可以充分利用参与者相互间的交流，将问题引入更深层次的探讨，往往比个别访谈更有广度和深度。由人际交流带来的人际关系的改善也被认为是一种“知识”的增长。第三，在一个理想的焦点团体访谈中，参与者不是单纯、单向地与研究者交流，参与者相互之间的激励和刺激是产生思想火花，引发共鸣、共情的重要方式。

焦点团体访谈的物质空间安排非常重要，因为其直接表达了研究者对于团体关系的一种暗示，访谈多在高校进行，如上海市的访谈在东华大学进行，山西省的访谈在山西财经大学进行，安徽省的访谈在安徽建筑大学进行。在高校进行，学生熟悉环境，也较容易敞开心扉。

访谈开始前，笔者首先向被访者介绍了研究目的、研究计划、访谈提纲以及研究结果的用途等内容，保证访谈不会泄露个人信息，这样有利于营造轻松自在的氛围。当征询是否同意录音时，所有被访者均同意录音，由此保证了资料的完整性，也使笔者在访谈过程中不必投入过多精力在笔记记录方面，从而能够更好地倾听被访者的阐述并适时地对问题进行追问。笔者给每位被访者发放了访谈提纲，让他们根据提纲逐个表达自己的实践经历和看法，时间控制在 10 分钟内，待全部发言完毕后，被访者可以就关心的问题进行开放式交流。被访者事先都得到了电子版的访谈提纲，都是“有备而来”的，因此，在交流中多数是侃侃而谈，态度也十分认真，甚至有被访者自己打印了稿子现场宣读。

访谈结束后，笔者真诚地表达了对每一位参与者的感谢，并赠送了一份精美的小礼品，而并没有对访谈做“总结”，以使参与者带着开放的心态离开会场。笔者及时对访谈资料进行了整理，将访谈录音转录成了 20 余万字的文字资料，对文字材料进行了类属分析，并通过对不同类属的比较来获得新的认知和解释。类属分析是在资料中寻找反复出现的现象以及可以解释这些现象的重要概念的一个过程，经过反复的比较和甄别，来区别一事物与其他事物的异同。

---

① 陈向明. 质的研究方法与社会科学研究[M]. 北京：教育科学出版社，2000：211.

第三节　认知实践的价值分析

认知实践是通过概念、知觉、判断或想象等方式获得认知的活动。认知实践能帮助我们完成在头脑中无法完成的认知任务，如复杂的数学计算、撰写论文等，必须通过对认知对象外部表征的各种方式进行操纵，才能完成这些认知任务。在专业学位研究生教育中，这些获得认识的方式逐步多样化，案例教学、移动课堂、在线课程、情景模拟和工作坊等丰富了学生学习知识的路径，促进了学生对实际问题进行理性分析，增强了学生对行业产业的感知和了解，激发了学生对专业的兴趣和热忱。

一、多元路径学习知识

本书第四章提出了各类认知实践，并在众多高校的实际教学过程中得到了体现，这些多样化的认知形式丰富了学生的理论学习渠道和路径，是对传统教学方式的突破和创新。

某校法学院借鉴世界一流大学的经验，制定了学术学位与专业学位、全日制与非全日制不同类型研究生的培养方案。例如，加强适应不同类型研究生教学、科研和实践需要的基地和平台建设；创新学校与行业、学校与科研院所、学校与企业共建共享和协同培养研究生的机制。

> 学校对于专业学位硕士生的实践能力还是很看重的，从检查业务、律师业务、企业法务和审判业务四个方面开展了一系列实践业务课程。我的专业方向是劳动与社会保障法，根据专业方向的需要，我选择了律师业务方向的实践课程，实践地点是劳动法诊所。每周三晚上都有实践课程，由仲裁委员会或法院的老师来授课，每周还会安排值班，值班地点或者是在劳动法诊所，或者是在法院。我们会接待当事人，向他们提供法律咨询服务；我们也会代理案件，提供法律援助，这些是学术学位学生较少能接触的，他们的时间和精力更多的是在学术报告、学术讲座上。我们专业设有案例教学，还有课堂辩论赛，课堂辩论赛是我们学校的一个特色，从本科生到研究生，辩论的氛围越来越浓厚。导师指导方面，校内主导师对学生的培养和指导负主要责任，同时聘请其他校内教师及行业领域专家作为副导师，参与课程教学、论文写作、实习实践等环节。校外导师负责学生实践能力方面的培养，以及协助联系实习实践基地。(FL2)。

该学生所参与的实践课程体现出多元路径学习知识的特点。其中案例教学、课堂辩论赛丰富了课堂授课的形式，学生能够充分地参与其中，有利于提高主动性和自觉性；大量的课堂辩论赛则使学生的表达能力、参与能力、应变能力等均得到训练和提高。导师组在专业学位研究生各培养环节起到协同作用，发挥不同领域教师的优势和新老教师间的传帮带作用，推进课堂教学、行业发展和学科研究更紧密地结合起来。

上海某校组织艺术硕士到当地著名服装企业进行座谈和参观交流。在两天的调研活动中，师生先后走访了多家行业顶尖企业，企业领导亲自带领师生参观，向同学们详细介绍了目前我国男装市场品牌竞争的现状以及品牌的应对战略。该企业通过创新实体企业商业模式，联合本土优质中小企业，形成了上下游、国内外产业链，并投巨资打造大型贸易服务平台，抱团发展，这种创新的运营模式给师生留下了深刻的印象。师生还参观了国内唯一的中国男装博物馆，并参加了座谈交流会，当地纺研中心、公务员局等有关部门的负责人也出席了座谈交流会。

> 企业副总裁向我们详细介绍了目前我国男装市场品牌竞争的现状以及该男装品牌的应对战略。在我们参观的过程中，了解了该企业创建自主品牌的艰辛历程和取得的骄人业绩，企业家创新创业的精神极大地鼓舞和激励了我们努力学好本领，早日投身国家经济建设的信心。此外，我也深刻体会到服装业在从制衣车间升级为时装名城的过程中急需品牌形象的建立和原创产品的设计，因此，企业对懂品牌、会策划、精设计的高层次艺术设计人才也十分渴求。（YS1）

哈尔滨市某校组织工程硕士对某机械厂进行参观，受到学生的热烈欢迎。

> 学校组织我们前往机械厂参观。该企业的主要业务是为军用发动机提供配件，这引起了我们的浓厚兴趣，在之后的提问环节，我们详细咨询了有关企业的工作环境和待遇、职业前景等问题，都得到了工作人员的详细解答，这些都是学校课堂上无法体验到的。（GC1）

现场观摩过程中，参观企业还向学生展现了企业的精神面貌，传递了正能量。

> 通过这一次实践活动，我们看到了许多国内外实际的飞机模型，包括军机、民机、大型飞机、轻型通用航空器等，使我们对平日里所学的理论知识有了更为直观和更加深入的认识。这一系列的参观实习，丰富了我们的实践知识，开阔了我们的视野，加深了我们对飞机的热爱之情，也增强了我们设计并制造出我们中国自己的大飞机的信心。参观过程中对中国国产飞机发展历程的回顾，也让我们更深刻地认识到了研制大型国产飞机的道路任重而道远，我们要继承和发扬老一辈革命家的艰苦奋斗、无私奉献的精神，使我们国家真正走上航空强国的大道。（GC3）

入学讲座能让学生对本专业的学习有大体的认识和了解，特别是对于跨专业的学生来说，讲座能让他们的学习更加有针对性。

> 刚入学时，学校会组织一个导师联合指导的讲座，详细介绍未来两年的学习规划，如学校的课程安排、课程设置以及往届学生的一些好的学习经验等，以让我们更加清楚地知道自己今后两年需要做些什么，有哪些关卡、门槛是需要努力跨过的。(FY1)

丰富的知识获得路径，对学生学习兴趣和全面发展都起着积极的促进作用。夸美纽斯在《大教学论》中指出，应该用一切可能的方式把孩子求学的欲望激发起来。我国教育家孔子提出“知之者不如好之者，好之者不如乐之者”。现代的许多研究也表明，兴趣与学业成绩呈高度正相关。兴趣是最好的老师，参观访问的形式，能让学生带着兴趣去学习，能带给学生对实际工作的真实体验，有利于开阔视野，丰富知识，同时近距离接触行业人员，感受他们的意志品质、精神面貌、专业才能等，也会对学生产生积极的影响。

二、实际问题的理性分析

北京某校建立了MBA专业学位原创案例库，填补了国内MBA培养阶段案例研究的空白，获得了业界的高度认可。MBA学生由于都有三年或以上的工作经验，更加注重理论学习对实际工作的指导，因而对理论知识的理解也更加深刻。

> 学院已经初步建立了包括战略、市场营销、财务管理、会计、项目管理等十余个专业或方向在内的原创案例库。极具中国特色的本土化案例的运用，有效地解决了国际案例与中国管理实践相脱节的问题。对于我来说，最值得感谢的是，在这样一个以案例教学为主的大平台下，在拥有丰富案例经验的恩师的悉心指导下，在与队友的思想交流和碰撞中，通过对案例的解读、分析、提炼、升华、再运用，在与诸位恩师及队友共同拼搏的过程中，我的理论知识得到了丰富和升华，理解也更加深刻，这为我后期从事实践工作提供了不一样的管理视角和解决方案，让我受益匪浅。老师采用案例公开课、应用自主开发案例、案例主人公进课堂等方式，增强了案例课堂的教学效果。老师通过案例俱乐部开展案例研究并鼓励学生参加国内外案例比赛，进一步提升了学生的思辨能力。出台案例型学位论文撰写规范，将案例开发嵌入论文撰写阶段，极大地提升了学生的思辨能力。(GS1)

经历原创案例开发、课上案例解读、后续深度拓展后，学生对现实问题的理性思考和分析会层层深入。原创案例能够增强案例教学的针对性和实用性，有利于提高学生的参与热情，强化案例教学的效果；课上案例的解读、分析、提炼、升华和再运用能够使学生深入领会知识，加之学生具有一定的工作经验，能够迅速学以致用；后续案例的深度拓展及开发等环节能够促进“理论研究—企业实践—理论研究”的持续优化、螺旋式上升的良性循环。

某校法学院采用“模拟法庭”和“设置研究课题”等形式，增强学生对实际问题的理性分析能力。该校一名法律硕士说道：

> 模拟法庭的形式非常好，同学们可以身临其境地思考并提出方案，锻炼了我们应用知识的能力。模拟法庭为我们展现了当时问题发生的全景、决策时要考虑的因素及关系、最终决策方案及效果与影响。这样的课程比让我们分组讨论后提交报告的形式更好，可以加深我们对理论的认知和理解。法律硕士实务研究课题由学生自愿申报，校内外导师组成专家组审核评定，法学院立项资助。实务研究课题的设置，大大提升了学生理论与实践结合的能力。(FL1)

该校的培养理念认为专业学位研究生实践能力的提高是以其分析、解剖问题的研究能力为前提的，因此将法律硕士生研究能力的提升作为改革的核心内容。法律硕士生的研究能力并非指传统的文献、理论方面的研究能力，而是指在实务训练中发现法律问题、归纳争议焦点、提出法律方案的能力。模拟法庭这种学习形式使法律硕士生参与其中，感同身受。研究课题的申报为学生提供了独立开展研究的平台，能使学生对知识的理性分析更加深入。

三、行业产业感知了解

认知实践使学生对其专业所对应的行业产业产生了一定的感性认识，具有重要的现实意义。专业学位的培养目标就是培养本领域的应用型人才，创造条件让学生一入学就能够亲历行业产业一线，对学生未来就业具有积极作用。

有些学校让学生一入学就与行业、产业零距离接触，组织学生参观工厂，亲历生产流程，得到了学生的高度认可。访谈中，有学生谈道：

> 两天的企业参观行程虽然短暂，但我们深感此行收获颇丰，感触良多。它加深了我们对课堂理论知识的理解与掌握，亲身感受到了企业面临的问题与需求，有助于我们明确今后研究的方向，增强我们设计创新的意识，坚定我们为企业服务的信心。我们在工作人员的带领下参观工厂，包括零件的装备、检验、热处理、涂层等一系列的生产流程，了解到了和本专业有关的产品生产流程，以及行业的发展前景和市场的最新变化，这为我们将来的就业指引了方向，对我们大有裨益。(GC7)

从上述访谈可以得知，学生亲历行业一线的积极作用体现在使其加深了对理论知识的理解，了解企业和市场的实际需求，增强创新意识，为未来就业指引方向上。

某航空高校组织工程硕士实地参观某航空公司。该公司是包括多家成员单位和子公司的大型航空动力企业集团，以航空发动机、燃气轮机、航空零部件制造及航空发动机技术延伸的非航空产品的研制、生产和服务为主要业务，以专业化为依托。学生在访谈中谈道：

我们参观了飞机制造公司、飞机设计研究所以及飞行试验研究院，了解和学习了先进飞机设计技术和理念；通过对比空中客车公司和波音公司，了解了国外的先进飞机技术理念，观看了飞机生产流程，现场学习了飞机的装配、试飞等。在中国飞行试验研究院这个中国最大的试飞基地，我们学习了一架飞机从设计、制造、试飞到最终交付的生产设计流程，参观了我国从中华人民共和国成立初期到现在生产设计的民用客机和支线飞机，对我国航空技术现状有了一定了解。(GC10)

此次参观使学生观摩了一架飞机的整套生产流程，了解了国外先进的飞行技术和理念，对行业的过去和现状有了一定的认识。对行业产业的初步了解使学生对未来从事的行业有了一个基本的判断，以及一定的预期和标准。

校外行业人员的参与也是学生了解行业的重要途径，有利于丰富学生的学习资源，为学生的成长搭建新的平台。某校翻译硕士谈道：

学校会聘请一些校外的翻译专家和教授来上课，这给我们提供了良好的平台和资源，增加了我们跟这些校外导师交流、沟通的机会，也拓宽了我们的专业视野，丰富了我们的实践知识。(FY1)

第四节　操作实践的价值分析

在操作实践过程中，操作作为学习的载体，有利于促成科学技术理论知识的实际运用，在解决现实问题过程中加深对知识的理解，在与社会生活的联系中了解未来需要具备的知识和技能。

一、理论知识的实际应用

某学生进入校外实践基地实践，将所学理论知识应用到现实生产过程中，取得了显著成绩。在访谈中，他谈道：

在工程公司实践期间，多次帮助基地解决生产难题，自主学习能力和独立分析与解决问题的能力得到提升。自己参与研发的课题成果自 2013 年 3 月正式使用，效果良好，生产中分散荧光染料的染色一次性命中率由原来的75%提高到92%以上，返修率大幅下降，生产成本下降率达到8.3%，年节约生产成本32.7万元，实践成果显著。毕业后，我被就业单位评价为优秀，现已成为单位的技术骨干，参与的多个项目为单位发展做出了较大贡献。(GC2)

该生的实践是比较成功的，提升了自己解决现实问题和难题的能力，降低了企业的生产成本，帮助企业取得了经济效益。

现实问题是千变万化的，某些专业学位学生在应用知识的过程中，需要充分考虑变化的因素，如社会和市场的需求等。

像中国石油天然气集团有限公司(简称中石油)、中国石油化工集团有限公司(简称中石化)这种大型企业要想转型很难，而中小型企业就比较灵活，可以根据市场需求及时更改计划，研发新产品。工厂根据市场变化提出具体的需求后，学校老师会及时对接跟进，在这个过程中还会与南京大学、东南大学的教授专家进行直接的沟通和交流，使学生得到了锻炼和成长。(GC11)

操作实践在将理论应用于实际的过程中，也实现了知识的传播和扩散。学生在访谈中谈道：

在开展合作项目研发时，基于自身所学为企业技术人员开展了2期技术培训，受到了普遍的认可和好评。在实验室的后期建设中，我自己也参与并协助实验室负责人编写了系统操作手册等多项技术资料。在实践过程中，协助企业培训了一批电化学方面的专业人才，制定了统一的材料和系统性能评价标准及测试方法。(GC6)。

对实践单位的人员进行技术培训，协助企业培养人才，并不是学生参与实践的初衷，却给实践单位带来了意外的收获，实现了双赢。该过程体现了知识的扩散和传播；撰写行业规范、编写技术材料，亦是创造新知识的体现。

二、实际问题得到有效解决

部分学生在实践期间深入企业，将产学研结合起来，有效解决了企业所遇到的实际问题，并取得了较为显著的成效。

某工程硕士生在参与实践单位工作的过程中，能够发现问题并有效解决问题。

我参与了市供电局有限公司电力试验研究院的多项工作，如深入参与了企业实验室试验系统调试的过程。在系统的运行调试工作中，发现系统存在谐波干扰问题，采取多种方法对可能入侵系统的干扰源进行排查，成功

解决了问题。(GC4)

我在某设计工程公司西安分公司实践，其间我认真思考项目可能存在的关键问题，针对问题设计方案，进行了大量脱水实验，得到了新型破乳剂，最终解决了华联站原油低温脱水困难的问题，此过程也培养了我的创新精神。(GC8)

某校临床医学专业学位学生谈道：

就医学专业而言，专业学位和学术学位的差别非常大：学术学位的学生有半年专门的课程学习时间，之后进入实验室做实验；而专业学位的学生，从入学的第一天就开始临床轮转，我们正好是和医院医师规范化培训接轨的第一届，所以三年的学习时间也是三年的临床轮转和临床医师规范化培训。我们的课程学习主要集中在第一学期的周末，周末上课平常上班。(LC1)

该生的实践经历反映出临床医学专业的操作实践强度非常大，且培养模式的效果也是比较好的。

经过三年的学习和实践，我们具备了比较扎实的临床基础，在实习后期能够单独管病床、单独看病人，甚至是单独值夜班。对医生培养来说，专业学位研究生教育模式是比较好的，能让学生的临床思维和能力都得到比较大的提升。在拿到执业医师资格证之后，我们就与职业医师基本上没有差距了，一些简单的手术就可以直接上台操作了。(LC1)

从以上的访谈中可以发现，操作实践取得了良好的效果，解决了现实问题，应用效果显著，有些还创造了巨大的经济价值等。由于操作实践的课题或者项目一般都来源于现实问题，学生在实践中会对这些现实问题进行剖析，并结合在学校的学术研究与专业实践，知识的应用效果立竿见影，充分反映了我国专业学位服务社会需求的培养理念。

三、行业产业真实体验

某师范高校在培养定位上将学术学位与专业学位的学生区分开来，认为教育硕士就要走上讲台，因此将教育硕士生输送到本地优秀的中学进行实践，登台讲课的过程相当于顶岗实践，此举受到学生的热烈欢迎。

学校有教育硕士的高端实践基地，已经合作5年了。学校每年大约有100名教育硕士到上海市5所实验性示范性高中去实习，采取高级教师一对一带教模式，其中有两个月的时间需要全天候到岗上班，收效不错。实习前，学校会组织培训，并请基地的老师过来进行指导。此次，有两个实践基地进入了上海市示范性实践基地，有一个进入了全国示范性联合培养18个基地之一，非常受欢迎，每年报名的人数也很多。这个实习经历对我的影响和帮助很大，自己的教学能力也得到了很大提升。我最终也在实习的高中留了下来，成为了一名老师。(JY2)

本书第四章论述了操作实践的三种主要形式，其中，在实践基地实践的形式比其他两种形式更能让学生走近行业产业一线。某学生谈到自己更偏向于去实践基地实习，因为这种形式与行业的联系更加密切。

我更倾向于去实践基地实习而不是自己出去找实习。首先，去实践基地实习，目标会更加明确，老师无私的指导会让我进步得更快，而自己找实习，许多时间会浪费在一些琐事上，找到的实习单位也不一定是自己希望和喜欢的，实习的效果也会降低。其次，去实践基地实习能够有更多机会和时间参与一些项目研究，能够对行业领域有更加深度、系统的理解，对未来的就业帮助更大。(NY1)

通过认识实践，学生对行业只是有了初步的了解，课上讲到的案例学生毕竟没有真正的经历和体验过，有些学生感觉是泛泛而谈，不了解真正的应用背景。在操作实践中，实践内容一般与学生的专业密切相关，学生以各种身份深入一线，在长达数月的时间里亲身体验行业产业，可以为未来的就业打下良好基础。

在真实体验行业产业的过程中，学生能很快找到专业知识与工作的结合点、切入点，那些不仅解决了实际问题，还锻炼了自身各方面能力的学生，容易得到求职单位的橄榄枝。此外，在求职过程中，特别是面试环节，由于已经实习过，和领导同事建立了联系，增加了面试成功的概率。

在面试的时候，我将在实践期间做的几个小的实验性质的项目进行了现场演示，极大地吸引了面试官的兴趣，也留下了不错的印象。在参加银行面试的时候，面试官甚至都没有问我专业技能方面的知识，仅仅通过我讲述研究生期间完成的实践工作，他们就录用了我。(JR1)

很明显，这位同学所遇到的用人单位关心的是应聘者的实际操作能力，而不是单纯的理论知识，该生实践期间的成果就是其能力的展现，因此就业十分顺利。

实习期间就有留在实习单位工作的意向，由于各方面表现尚佳，实习单位也比较满意，最终成功留下。实习对我帮助很大，是职业发展道路上一个很好的开始。(JY1)

校企联合培养是我们学院专业硕士最大的特色，并已初具规模。我校是一个煤炭特色型高校，人才培养实践基地的建设比较成熟，学院就有30

多个培养实践基地。由于我在实习时表现比较好，最后就签约了这家单位。无论是研一的学习，还是研二的实践，对我的帮助都非常大。(GC5)

对于学生来说，毕业后留在实践单位是找工作的一条“捷径”。学生在实践前就有了明确的就业意向，实践让他们与企业拉近了距离，也减少了企业的培训成本，可谓是双赢。

某校教育硕士专业学位的实践基地覆盖全国，在高质量实践的过程中，学生提升了就业信心。

学校固定的实习地点有深圳、珠海、东莞、新疆等，全校一共有 200 多所合作的实习学校。研一下学期，我到深圳实习了半年，收益特别大。实习期间，我每天都能听到特级教师或高级教师的课程，学习他们的教学经验。现在很多单位在招聘时都很看重应聘者在校期间的实习经历，所以，实践对我的帮助很大。(JY3)

以上访谈表明在经过一段高质量的操作实践后，学生会对就业充满信心和期待，因为经历过实战的他们已经对行业有了深刻的认知和体会，也加快了他们从学生向从业者角色的转变。

第五节　反思实践的价值分析

反思实践的过程，实现了知识的创新、创造，反思不断塑造和调整行动，对复杂专业问题综合各种办法和技能加以解决，在专业技能提升的同时也为未来的职业规划做好了铺垫。

一、理论知识的创新、创造

反思实践伴随着认知实践和操作实践的过程，促成了新知识的产生，而知识的创新、创造也是反思实践的首要成果。

理论知识的创新、创造在反思实践中表现出来，但应该在认知实践中就培养这种思维和意识。

如果研究生在第一年完全沉浸在课程学习中，则不利于下一步科研性与实践性的培养。另外，导师带研究生的模式要有所变化，如果还像本科一样，老师讲学生听，那么学生的实践能力和科研意识也不会得到大的提升。研究生的论文是从第二学年下学期开始的，但是研究生的科研思维应该在刚入学时就有意识地进行培养。如果学生刚入学时，便和导师就一个问题进行质疑、讨论、思考，那么研究生的研究意识和思维在研二时就会水到渠成，论文也是在不断总结、积累、积淀的过程中形成的。(GS2)

学生的专业知识、研究意识在研一时处于不断发展和完善的过程中，需要专业实践不断对其进行检验、补充，这为创新提供了可能性。

南京某校是首批入选国家高等学校创新能力提升计划("2011 计划")的 14 所高校之一，其技术转移中心为国家技术转移示范机构，拥有国家知识产权培训(江苏)基地。该校重视科学研究和成果转化，坚持产学研互动发展，将培养方向与产业发展需求对接，培养过程与企业对接。该校工程硕士在实践过程中实现了对理论知识的创新、创造。

学位论文是从应用走上理论的过程，理论知识的价值慢慢体现出来。专业学位学生可以继续深入研究理论的应用，也可以把理论留给学术学位学生继续研究。部分同学研一的时候会看一些文献，如 Science、Nature 这样高端期刊上的文章，也会关注这些理论前沿的走向，但更会关注市场的需求走向，像化工行业是不是产能过剩，现在有没有倒退的迹象，等等。(GC12)

上述访谈体现了实践是理论的来源，学生在实践过程中需要不断思考，以在问题解决过程中提出新的理论。专业学位研究生需及时关注市场的走向和动态，这种行业意识和对社会需求的关注使他们对市场具有敏锐的洞察力。这与学校的培养理念密不可分。

学校坚持产学研一体，比较重视应用型专业人才的培养，学校的思路是只要是研究出来的成果就要应用到生产实际中去。学校和企业合作办厂，企业为研发提供资金。学校更倾向招专业硕士生，专业硕士生比例已达 50%。毕业考核可以是专利，也可以是研究报告。(GC12)

学校产学研一体的培养理念在学生实践过程中得到充分体现，校企深度融合，既有雄厚的资金支持，又有技术支持。"研究出来的就要应用到生产实际中去"，反映了研发与生产的无缝对接。毕业成果主要体现在专利上，专利已成为工程硕士典型的知识创新成果。

实践还创造了新的知识，工程硕士发明的专利就是其中一种。

实践活动是结合导师的课题进行的，目的是利用自己所学的专业知识，结合实际课题项目，进行实际的动手操作和装置设计，得到了实践单位的一致好评，专利就是在实践当中产生的。(GC9)

每年到基地实习的学生都会撰写科研实践报告或科技专题报告，其中很多相关的研究已获得专利授权，也在国内外相关学术会议和学术期刊上发表了大量的论文。(GC10)

二、复杂问题综合施策

在操作实践中，运用知识可以解决一些与专业相关的技术问题，而在反思实践中，学生需要尝试解决一些复杂性的综合难题。

某校注重培养具有高度社会责任感和技术创新能力，以及能够解决复杂技术问题的高层次工程技术人才。学生在访谈中谈道：

> 首先分析现在市场需要什么，工厂就根据市场需要做什么，这是研发的第一部分。研发的第二部分是后续的装置环节，也是和操作人员打交道的环节。产品研发出来，需要操作人员去完成，但操作人员对一些技术难点不理解，需要带领和告知他们如何完成，我把操作难点编成了技术手册，目前已经应用 5 年多了，效果良好。(GC10)

此访谈中学生的实践不仅要进行知识创新—研发成果，也要指导工人将研发的产品生产出来，类似管理工人，还要对操作难点进行汇总和研究。这种复杂问题的解决不仅需要学生具有过硬的专业知识，还需要学生在沟通交流、任务协调、技术联合攻关、事务处理以及默契配合等方面具备较强的能力。

在破解难题过程中，学生的各项能力都可以得到提升。我国各专业学位设置方案的培养目标以及国家文件中要求专业学位学生具备的各种能力都可以在实践中得到培养和提升，这些能力是学生未来职业发展的保障。在校内实践的学生每天面对的是熟悉的同学和老师，而在校外实践的学生可谓身处职场，处于正式工作的状态，体会更加深刻。在校外实践的某工程硕士谈道：

> 实习过程中，最大的感受就是企业和学校的氛围不同。在学校，需要打交道的人少，规模也小，大家彼此都认识。但是企业有很多部门，当需要其他部门的大力支持和配合时，你不得不与其他部门打交道，如果一个部门不合作，工作就有可能进行不下去，因此每件事都需要协作和沟通。(GC6)

某农业硕士实习后对此也深有同感。

> 在学校的实验室，大家都是同学或者师兄、师弟，不需要考虑很多沟通方面的问题。但在实习单位，就不能不考虑说的话可能会对不同的人产生不同的影响，我是做研发的，更需要一个团队的合作和支持。(NY2)

沟通、协作等能力虽然不是直接的培养目标，却是学生顺利实践与就业不可或缺的能力，用人单位对学生的评价也注重其在团结大家、遵章守纪、团队协作等方面的表现，这也是职场必需的技能。在访谈中，某教育硕士就谈到为适应实践环境，自己在人际交往过程中做出的改变。

> 人际交往很重要。我性格比较内向，不是很善长与人交际，但是身边的

同事都非常活泼，为适应这种工作环境，我就需要更加积极主动，表现得更加朝气蓬勃，因为有些事情你不积极主动，做起来就很困难。(JY1)

有学生认为，难题的破解与实践的形式有关，并就此提出了建议。

建议学校可以考虑分批分期安排学生实习，因为在实习过程中遇到了问题，没有校内导师在学术方面的及时指导，问题就无法及时得到解答。学生可以先去单位实习，发现问题后回到学校，及时与导师进行沟通，得出解决方案后再回到实习单位进行实践。(JY3)

在反思过程中，学生可以发现自身与行业产业要求存在的差距，从而增强各项能力，缩小差距，为未来就业打下良好基础。

三、职业发展选择明晰

反思不仅是对知识的反思、能力的反思，更是对职业发展的反思，反思一直存在于专业学位研究生教育的培养过程中，并影响着学生对未来职业发展的选择。有受访学生谈道：

实习使我对未来的工作有了一个大概的了解，会有一个心理预期和准备，找工作的时候，也会更有经验，能更好地分辨一个企业的优劣。虽然目前我还不清楚到底想找一个什么样的工作，但通过实习，我能明确不想找什么样的工作，实习主要有这方面的作用。(SH1)

实习、实践对将来就业是非常有帮助的。通过实习，自己对行业、企业有了更多的了解和认识，拓宽了视野，也熟悉了企业中的生产环节和流程。之前我只想着在汽车企业就业，实习以后发现自己对做汽车零部件也是非常感兴趣的，所以把就业方向转向了汽车零部件领域。(GC11)

该生经过实践，改变了最初的就业意向，由汽车企业转向了汽车零部件领域，这说明操作实践拓宽了学生的就业渠道。

由于培养过程中高度严格的实践要求、与职业资格的无缝衔接，临床医学专业学位学生对进入本领域就业的忠诚度相当高。以下为某高校临床医学专业学位学生即将毕业时的感想：

本科期间有些后悔读医学专业，因为学医特别累，每一本厚厚的书都要背下来，但到了研究生期间，这种想法就发生了转变。从研究生入学第一天我们就开始临床轮转，后面开始单独管病床、看病人、值夜班，这种模式对于医生培养来说还是比较有效的。近年来，专硕的分数线已经超过学硕的分数线，很大原因就在于专硕学生毕业时多了两个证书。整体来说，很满意学校的人才培养模式，不仅培养了临床方面的技能，还可以做实验、写文章。

此外,医学专硕的实习在很大程度上已不是"实习",而是正常的工作。(LC2)

这位同学对所学专业由"后悔"到"满意",是其对职业选择由迷茫到认同再到渐渐清晰的过程。回顾培养过程,住院医师的角色使其增强了职业必备的专业能力,他不认为这是实习,而是工作,把自己完全当成医院的医生,因为拿到执业医师资格证后,他就跟医院的职业医师一样,可以做一些简单的手术了,是对自身职业身份的基本认同。实践让专业学位教育与职业发展实现了完全的对接,得到了学生的高度认可。

第六章

基于问卷调研的总体实证研究

本章采用定量研究方法，结合前文访谈材料对第三章提出的理论框架进行解释，基于认知实践、操作实践、反思实践，对调研问卷进行了包括描述性统计、回归方程在内的数据分析，以反映专业学位研究生教育的总体实践活动现状，探究实践对人才培养的作用和价值。

第一节　问卷设计与开发

问卷调研对象为 2015 年即将获得硕士专业学位的全日制非定向应届毕业生，硕士生在全部专业学位学生数量上占据绝对优势，因此，本书选择专业学位硕士生进行问卷调查。这些学生已完整体验了专业学位培养方案中的各个环节，已有了求职经验，并结合求职经历对学习过程进行了反思，对于培养目标的达成也具有了一定的判断。

问卷设计参考了英国针对高等教育的研究型研究生经验调查（Postgraduate Research Experience Survey，PRES）和授课型研究生经验调查（Postgraduate Taught Experience Survey，PTES）两项调查问卷。PRES 主要测量研究生对科研经历的满意度，涉及设施资源、导师指导、学术氛围、论文质量标注与考核过程、整体体验等；而 PTES 主要测量研究生的课程学习满意度，问卷内容包含学习资源、教学质量、学位论文、课程评估、反馈情况、课程组织和管理、职业和专业发展等。

2015 年 4—6 月，围绕我国全日制专业学位硕士研究生的培养现状，北京航空航天大学高等教育研究院"创新专业学位研究生培养模式研究"课题组设计并编制了"全日制专业学位研究生培养模式现状调研"系列问卷。调查问卷有符合伦理规范的研究使用说明。问卷初稿形成于 2014 年 12 月，后经过课题组高校成员和有关专家的多次修改和讨论，最终于 2015 年 4 月发放问卷。

在"全日制专业学位研究生培养模式现状调研"系列问卷的基础上，本研究就所关注的实践问题将其修改为新的调研问卷（附录一）。正式形成的调研问卷包括如下三部分内容。

第一部分是基本信息。包括被调查学生的性别、年龄、本科及硕士就读院校、专业学位类别、入学前工作时间和薪资、入学前工作是否与本专业学位相关、本硕就读专业是否属于同一领域、导师指导形式等，主要采用单选的形式。

第二部分是专业学位总体培养现状。包括支持体系、案例教学、专业实践和学位论文的情况等。

第三部分是专业学位的价值与成果。根据前文对理论框架的分析，本研究将培养结果分为三个方面，即知识增长、能力提升和职业发展。知识增长主要包括毕业成果（如学位论文、毕业设计、调研报告、开发产品等）的实际应用情况、在校期间发表论文的情况、在本专业的学习成绩排名、在本专业的综合成绩排名。能力提升主要参考了根据各专业学位设置方案中的培养目标以及国家文件中所要求的专业学位硕士生毕业时应具备的能力，具体包括 11 种能力。职业发展主要是对个人职业的发展前景的预估，包括即将就业的工作与所学专业学位是否相关、对自己即将就业的工作是否满意等。

问卷中涉及“程度”的问题均采用利克特五级量表，从高到低或从强到弱分为“非常认可、比较认可、一般、比较不认可、非常不认可”或“非常符合、比较符合、一般、比较不符合、非常不符合”等五个级别。

第二节　问卷基本信息与样本特征

对于实施问卷调研的高校的选择，“创新专业学位研究生培养模式研究”课题组充分考虑了学校类型、地域分布等因素。从高校的学科类型看，既有综合性高校，也有理工科高校和行业特色高校；从高校的管理属性看，既有中央部属高校，也有地方省属高校；从高校分布的地域看，既有经济发达地区，如北京市、上海市，也有经济发展一般的地区。此次调研共回收有效问卷 10 268 份。从调研高校所在区域来看，回收问卷数量较大的有北京、天津、黑龙江、上海、江苏和陕西，回收问卷数量分别为 1 612 份、1 366 份、883 份、2 208 份、1 386 份和 924 份，分别占总数的 15.7%、13.3%、8.6%、21.5%、13.5%和 9.0%，具体见表 6 - 1。

表 6 - 1　全日制专业学位应届毕业生回收问卷高校所在地区

地　区	数　量	占比/%
北京	1 612	15.7
天津	1 366	13.3
黑龙江	883	8.6
上海	2 208	21.5
江苏	1 386	13.5
陕西	924	9.0
其他	1 889	18.4

如表 6 - 2 所列，从各高校回收问卷数量看，回收问卷数量大于 200 份的高校达到 10 个。其中排名前 5 的高校分别是中国石油大学(北京)、天津科技大学、华东政法大学、上海财经大学和江苏大学，分别有 371 份、262 份、259 份、240 份和 240 份。

表 6-2　问卷回收数量大于 200 份的高校

序　号	高校代码	高校名称	问卷数量
1	11 414	中国石油大学(北京)	371
2	10 057	天津科技大学	262
3	10 276	华东政法大学	259
4	10 272	上海财经大学	240
5	10 299	江苏大学	240
6	10 226	哈尔滨医科大学	239
7	10 056	天津大学	234
8	10 611	重庆大学	219
9	10 247	同济大学	213
10	10 058	天津工业大学	211

统计数据显示，回收有效问卷数量排名前 5 的专业学位分别是工程硕士、临床医学硕士、法律硕士、会计硕士和工商管理硕士，回收有效问卷分别为 4 344 份、997 份、608 份、558 份和 448 份，分别占总数的 43.7％、10.0％、6.1％、5.6％和 4.5％。调研问卷共涉及 38 个专业学位类型，其中问卷样本量大于 200 人的专业学位类型及学生人数与比例见表 6-3。

表 6-3　样本量大于 200 人的专业学位类型及参与调研有效人数与比例

专业学位类型	参与调研有效人数	占比/％
工程硕士	4 344	43.7
临床医学硕士	997	10.0
法律硕士	608	6.1
会计硕士	558	5.6
工商管理硕士	448	4.5
教育硕士	430	4.3
翻译硕士	269	2.7
艺术硕士	268	2.7
建筑学硕士	233	2.3
金融硕士	204	2.1

从调研学生的性别上看，男生、女生分别占总人数的 48.5％和 51.5％，女生占比略高于男生；从调研学生所在学校层次来看，“985 工程”高校学生占 20.5％、非“985 工程”高校的“211 工程”高校学生占 24.5％，其他普通本科高校学生人数最多，占总人数的 55.0％。

第三节 研究变量的描述性统计分析

一、认知实践的统计分析

本书第四章中列举了认知实践的多种形式，从学生喜欢的方式来看，选择实验教学、模拟仿真的比例最高，为 28.9%；其次是案例教学，为 27.4%；只有 3.7%的学生选择传统的纯课程讲授(如图 6-1)。这说明学生喜欢多元的授课方式，所以教师应注重课程的应用性。

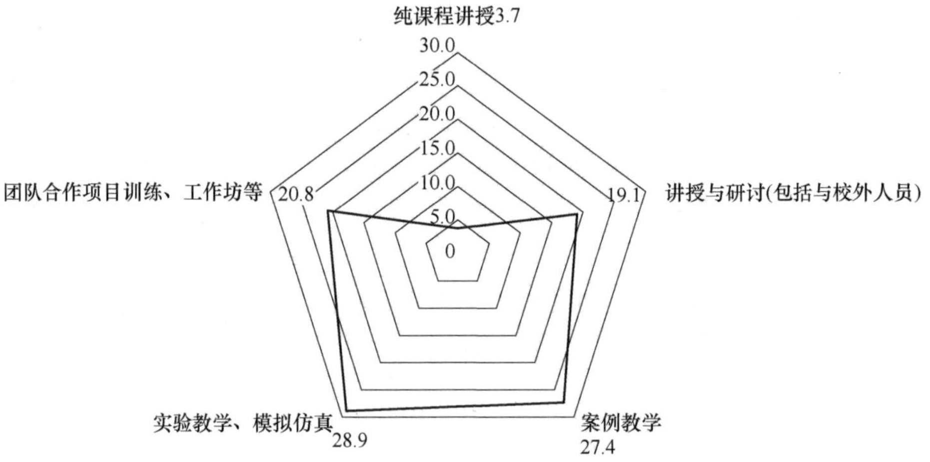

图 6-1 学生选择认知实践形式的分布情况

认知实践的形式非常丰富，本书选择案例教学作为主要表现形式对其进行进一步研究。对案例教学各项目均值的描述性统计如表 6-4 所列。

表 6-4 对案例教学各项目均值的描述性统计

题 项	均 值	排 序
教师案例教学水平(质量控制)	3.90	1
教师参与案例教学的积极性(质量控制)	3.86	2
案例教学质量(质量控制)	3.85	3
案例教学形式(方式、过程)(组织形式)	3.83	4
课程内容的前沿性(及时关注专业、行业动态)(应用情境)	3.79	5
课程内容的综合性(跨学科)	3.78	6

续表 6-4

题 项	均 值	排 序
课程内容的实践性(应用情境)	3.76	7
案例教学校内条件(场地范围)	3.76	8
校外人员参与学术或行业前沿或行业实践讲座(参与者)	3.73	9
案例教学在课程教学中所占比重(应用情境)	3.70	10
校外人员参与实践或职业内容为主的课程讲授(参与者)	3.64	11
案例教学校外实践机会(场地范围)	3.60	12
校外人员参与理论为主的课程讲授(参与者)	3.58	13
案例教学可使用的信息交流平台(组织形式)	3.04	14

总体来看,各题项均值都比较高。其中,教师案例教学水平最高,达到3.90。均值在3.80～3.90的有教师参与案例教学的积极性、案例教学质量、案例教学形式(方式、过程),分别为3.86、3.85、3.83。均值在3.70(含)～3.80的有:课程内容的前沿性(及时关注专业、行业动态)、课程内容的综合性、课程内容的实践性、案例教学校内条件、校外人员参与学术或行业前沿或行业实践讲座、案例教学在课程教学中所占比重,分别为3.79、3.78、3.76、3.76、3.73、3.70。均值在3.60～3.70的有:校外人员参与实践或职业内容为主的课程讲授、案例教学校外实践机会,分别为3.64和3.60。相比较而言,校外人员参与理论为主的课程讲授、案例教学可使用的信息交流平台的均值较低,分别只有3.58和3.04。

二、操作实践的统计分析

由于操作实践不像课程学习和学位论文一样有比较统一的时间和形式安排,而是实践形式多样,时间长短不一。本部分对全日制专业学位应届毕业生的操作实践情况进行了统计,详见表6-5。

表6-5 全日制专业学位应届毕业生的操作实践情况

实践形式	人 数	占比/%	平均时间/月
未参加实践	1 826	17.78	0
自己联系的实践	3 535	34.43	5.73
跟随导师在实验室做项目	1 678	16.34	10.55
在与导师有合作项目的企业实践	1 186	11.54	9.01
去校内固定的实践基地实践	755	7.36	12.94
去学校联系或指定的实践基地实践	1 288	12.55	9.48

从各实践形式的平均时间来看，去校内固定的实践基地实践的时间最长，平均时间达到 12.94 个月，超过一年；其次分别是跟随导师在实验室做项目、去学校联系或指定的实践基地实践、在与导师有合作项目的企业实践和自己联系的实践，平均时间分别为 10.55 个月、9.48 个月、9.01 个月和 5.73 个月。

从操作实践的描述性统计（见表 6-6）来看，各题项均值都比较高。其中，实习期间校内导师的关心指导高达 4.11。均值在 3.80～3.90 的是：实践质量、实习期间校外导师或行业人员的关心指导，分别为 3.88 和 3.86；均值在 3.70～3.80 的是：参与过的实践活动与来自社会或行业的现实问题的相关性、校内导师与校外导师及行业人员的共同指导、实践场所的配套条件、参加实践的时间、实验性和综合性实训。相比较而言，实践场所的管理和实践补助或津贴的得分较低，分别为 3.69 和 3.47，最低的是可以使用的实践信息平台，得分只有 3.01。

表 6-6 操作实践的描述性统计

题 项	均 值	排 序
实习期间校内导师的关心指导（参与者）	4.11	1
实践质量（质量控制）	3.88	2
实习期间校外导师或行业人员的关心指导（参与者、范围）	3.86	3
参与过的实践活动与来自社会或行业的现实问题的相关性（应用情境）	3.76	4
校内导师与校外导师及行业人员的共同指导（参与者、跨学科）	3.76	5
实践场所的配套条件（质量控制）	3.75	6
参加实践的时间（质量控制）	3.74	7
实验性和综合性实训（应用情境）	3.72	8
实践场所的管理（质量控制）	3.69	9
实践补助或津贴（质量控制）	3.47	10
可以使用的实践信息平台（组织形式）	3.01	11

三、反思实践的统计分析

从反思实践的描述性统计（见表 6-7）来看，学位论文等形式的毕业成果质量的均值最大，为 4.13；其次为校外人员参与学位论文或其他形式毕业成果的答辩、开题与过程中的指导，均值分别为 3.86、3.75 和 3.75；再次为学位论文的选题与“社会实践或行业实际的现实问题”的相关性，均值为 3.67；最低的是毕业成果（论文、设计、报告、产品等）的实际应用情况，均值为 2.55。这反映出各高校对专业学位学生撰写学位论文的要求普遍不高。

表 6-7　反思实践的描述性统计

题　项	均　值	排　序
学位论文等形式的毕业成果质量(质量控制)	4.13	1
校外人员参与学位论文或其他形式毕业成果的答辩(参与者,跨学科)	3.86	2
校外人员参与学位论文或其他形式毕业成果的开题(参与者,场地范围)	3.75	3
校外人员参与学位论文或其他形式毕业成果的过程中的指导(参与者,场地范围)	3.75	4
学位论文的选题与“社会实践或行业实际的现实问题”的相关性(应用情境)	3.67	5
毕业成果(论文、设计、报告、产品等)的实际应用情况(应用情境)	2.55	6

四、支持体系的统计分析

无论哪种实践形式,都需要学校的规章制度和服务予以支撑,支持体系的描述性统计如表 6-8 所列。

表 6-8　支持体系的描述性统计

题　项	均　值	排　序
硬件建设	3.88	1
开展就业相关服务	3.87	2
质量保障体系	3.85	3
可使用的信息交流平台	3.77	4
就业指导和服务	3.72	5
参加相关的学术界或行业界赛事的机会	3.67	6
奖助学金制度	3.65	7
管理制度	3.64	8
专项基金或资助	3.55	9
国际交流合作	3.33	10

从支持体系的描述性统计来看,学生普遍反映硬件建设最好,均值为 3.88,反映出专业学位培养有相当的硬件基础。其次,学生对开展就业相关服务、质量保障体系、可使用的信息交流平台及就业指导和服务也非常满意,均值均在 3.7 以上,反映出高校确实重视专业学位学生的就业,并积极开拓学生的就业渠道。学生对参加相关的学术界或行业界赛事的机会、奖助学金制度也较满意,均值分别为 3.67 和3.65。相比较而言,学生对专业学位的专项基金或资助及国际交流合作的满意度较低,均值分别为 3.55 和 3.33,反映出高校在资金支持上存在一定的困难,国际合作水平还有待提升。

五、实践价值的统计分析

从知识增长的描述性统计(见表 6－9)来看,知识的反思和批判性思维、知识的感知和采集、知识的迁移能力的均值较高,都在 4.00 及以上;扎实的专业知识的均值稍低,为 3.97;知识的应用能力最低,仅为 2.58,反映出相当一部分专业学位学生的理论学习和专业实践没有得到很好的融合。

表 6－9 知识增长的描述性统计

题项	均值	排序
知识的反思和批判性思维	4.02	1
知识的感知和采集	4.01	2
知识的迁移能力	4.00	3
扎实的专业知识	3.97	4
知识的应用能力	2.58	5

从能力提升的描述性统计(见表 6－10)来看,经过专业学位的实践,学生的多数能力都得到了提升。在人际交往能力中,提升最大的是团队协作能力,其次是沟通能力和组织领导能力。在职业能力中,适应和反应能力、职业素养提升较大,职业实践能力和职业发展潜力次之,提升最小的是国际视野。在解决问题的能力中,分析能力提升最大,其次是动手能力,最后是创新能力。

表 6－10 能力提升的描述性统计

题项		均值
人际交往能力	沟通能力	4.04
	团队协作能力	4.07
	组织领导能力	3.93
职业能力	职业实践能力	3.98
	职业发展潜力	3.97
	职业素养	4.02
	适应和反应能力	4.05
	国际视野	3.78
解决问题的能力	动手能力	4.00
	分析能力	4.03
	创新能力	3.89

从职业发展的描述性统计(见表6-11)来看,即将从事的工作对您未来职业发展的重要性的均值最高,为4.02;其次是即将从事的工作与所学专业学位的相关度和即将从事的工作与您期望寻求的职业的匹配度,均值均为3.94;所获得的专业学位满足社会需求的程度、即将从事的工作的收入接近您的期望值的程度的均值相对较低,分别为3.88和3.80。

表6-11　职业发展的描述性统计

题　项	均　值	排　序
即将从事的工作对您未来职业发展的重要性	4.02	1
即将从事的工作与所学专业学位的相关度	3.94	2
即将从事的工作与您期望寻求的职业的匹配度	3.94	2
所获得的专业学位满足社会需求的程度	3.88	4
即将从事的工作的收入接近您的期望值的程度	3.80	5

第四节　问卷信效度分析

为检验这种划分方法的信度,本研究采用了验证性因子分析。本研究的变量共有7个维度,将各个维度的数据录入SPSS 19.0进行信度检验。首先,所有题项的KMO=0.965,在0.01水平下显著,表明问卷数据适合进行因子分析。划分维度后,各题项在相应维度上的载荷值均高于0.6,说明上述7个维度的划分具有很好的效度。在对上述7个维度进行信度分析时,各分维度的内部一致性系数在0.851～0.952,具有非常好的信度。该维度划分的信度和效度均通过了检验,说明问卷数据是合理的,具有分析的意义和价值。检测之后,各维度的α系数如表6-12所列。

表6-12　各维度的α系数

维　度	认知实践	操作实践	反思实践	支持体系	知识增长	能力提升	职业发展
α系数	0.951	0.931	0.888	0.893	0.952	0.939	0.851

第五节　实践对人才培养价值的影响研究

一、建立假设

结合前文的研究,假设实践的三个层次均对专业学位的培养目标,即知识的增长、能力的提升、职业发展具有正向影响,本研究建立如下实证研究假设。

假设1:对认知实践认同度越高,认知实践发挥作用越大,学生知识增长越快、能力提升越大、职业发展越好。

假设 2：对操作实践认同度越高，操作实践发挥作用越大，学生知识增长越快、能力提升越大、职业发展越好。

假设 3：对反思实践认同度越高，反思实践发挥作用越大，学生知识增长越快、能力提升越大、职业发展越好。

二、计量模型

实践对专业学位培养结果的多元线性回归模型如下

$$Y_i = \beta_0 + \beta_1 \times D_1 + \beta_2 \times D_2 + \beta_3 \times D_3 + \beta_4 \times D_4 + \beta_{5k} \times X_k$$

其中，$i=1,2,3$，Y_1为知识增长，Y_2为能力提升，Y_3为职业发展。D_1代表认知实践的虚拟变量，D_2为操作实践的虚拟变量，D_3为反思实践的虚拟变量，D_4为支持体系的虚拟变量，X_k为控制变量的集合，包括性别、学校层次、导师指导形式、入学前工作时间、本科所学专业与硕士是否属同一领域。各变量内涵与说明详见表 6-13。

表 6-13 各变量内涵与说明

变量		定义
因变量	知识增长	知识增长题项得分之和取均值
	能力提升	能力提升题项得分之和取均值
	职业发展	职业发展题项得分之和取均值
控制变量	性别	男性=1，女性=0
	学校层次	“211 工程”或“985 工程”高校=1，其他普通本科高校=0
	入学前工作年份	有=1，无=0
	导师指导形式	校内外导师组=1，其他=0
	本科所学专业与硕士是否属同一领域	是=1，否=0
自变量	认知实践	课程内容实践性、前沿性、综合性等题项得分之和取均值
	操作实践	实习期间校内导师的关心指导等题项得分之和取均值
	反思实践	学位论文选题与现实问题的相关性等题项得分之和取均值
调节变量	支持体系	支持体系题项得分之和取均值

三、多元线性回归分析

本研究以认知实践、操作实践、反思实践为自变量，以支持体系为调节变量，以知识增长、能力提升、职业发展为因变量，进行多元线性回归分析。采取逐步回归的方式，分别检验学生个体因素、支持体系、认知实践、操作实践、反思实践对知识增长、能力提升、职业发展的影响。表 6－14 展示了知识增长影响因素的多元线性回归标准化系数。

表 6－14　知识增长影响因素的多元线性回归标准化系数

知识增长影响因素	①	②	③	④	⑤
男性(女性＝0)	0.013	0.025	0.025	0.026	0.021
学校层次："211 工程"或"985 工程"高校(其他普通本科高校＝0)	0.055***	0.042***	0.017***	0.014***	0.017***
入学前工作年份：有(无＝0)	0.012	－0.026	－0.026	－0.022	－0.019
导师指导形式(校内外导师组＝1，其他＝0)	0.024**	0.007	0.002**	0.003	0.008
本科所学专业与硕士是否属同一领域：是(否＝0)	0.005	0.002	0.002	0.012	0.001
支持体系(题目加总后平均)		0.496***	0.246***	0.186***	0.151***
认知实践(题目加总后平均)			0.372***	0.231	0.163
操作实践(题目加总后平均)				0.196***	0.148***
反思实践(题目加总后平均)					0.139***
个案数	10 268	10 268	10 268	10 268	10 268
调整后的 R^2	0.002	0.121	0.136	0.154	0.161

* 表示 $p<0.1$，** 表示 $p<0.01$，*** 表示 $p<0.001$，下同。

注：①代表仅有控制变量的线性回归方程中的系数，②③④⑤代表逐步加入支持体系、认知实践、操作实践和反思实践后的多元线性回归方程中的系数，下同

DW＝1.789，趋近于 2，各自变量的多重共线性检验指标的方差膨胀系数(Variance Inflation Factor，VIF)均小于 10，表明自变量显著相关且不存在明显的多重共线性。

从知识增长回归结果来看，个人因素中的性别、入学前工作年份、本科所学专业与硕士是否属同一领域对知识增长均没有显著影响；学校层次和导师指导形式对知识增长影响显著，如"211 工程"或"985 工程"高校的标准化系数显著高于其他普通本科高校，有校内外导师组指导的学生的标准化系数显著高于其他的学生。模型①调整后的 R^2 相对较小，为 0.002。在逐步加入支持体系、认知实践、操作实践和反思实践后，模型②③④⑤调整后的 R^2 相应提高，说明模型拟合效果越来越好，三种实践均对知识增长有显著正向影响。

从能力提升影响因素的多元线性回归标准化系数(见表 6－15)来看，学生的性别、学校层次、入学前工作年份对能力提升具有显著影响。其中，男生的能力提升显著高于女生，"211 工程"或"985 工程"高校学生的能力提升显著高于其他普通本科高

校学生，入学前有工作经验的学生的能力提升显著高于没有工作经验的学生，且入学前工作年份对能力提升的解释力度最高。模型①调整后的 R^2 相对较小，为 0.013。在逐步加入支持体系、认知实践、操作实践和反思实践后，模型②③④⑤调整后的 R^2 相应提高，说明模型拟合效果越来越好，三种实践均对能力提升有显著正影响。

表 6－15　能力提升影响因素的多元线性回归标准化系数

能力提升影响因素	①	②	③	④	⑤
男性(女性＝0)	0.018**	0.021**	0.048**	0.05**	0.046**
学校层次："211 工程"或"985 工程"高校(其他普通本科高校＝0)	0.081***	0.055***	0.063***	0.06***	0.064***
入学前工作年份：有(无＝0)	0.063***	0.057***	0.064***	0.033***	0.068***
导师指导形式(校内外导师组＝1，其他＝0)	0.019	0.008	0.007	0.004	0.002
本科所学专业与硕士是否属同一领域：是(否＝0)	0.01	0.012	0.101	0.008	0.009
支持体系(题目加总后平均)		0.275***	0.159***	0.103***	0.079***
认知实践(题目加总后平均)			0.282***	0.159***	0.044***
操作实践(题目加总后平均)				0.171***	0.135***
反思实践(题目加总后平均)					0.124***
个案数	10 268	10 268	10 268	10 268	10 268
调整后的 R^2	0.013	0.086	0.104	0.113	0.128

从职业发展影响因素的多元线性回归标准化系数(见表 6－16)来看，学生的性别、导师指导形式和入学前工作年份对结果有显著影响。其中，男生的标准化系数低于女生，"211 工程"或"985 工程"高校学生的标准化系数低于其他普通本科高校学生，但有校内外导师组指导的学生的标准化系数显著高于其他学生，有工作经验的学生的标准化系数显著高于没有工作经验的学生。模型①调整后的 R^2 相对较小，为 0.008。在逐步加入支持体系、认知实践、操作实践和反思实践后，模型②③④⑤调整后的 R^2 也相应提高，说明模型拟合效果越来越好，三种实践均对职业发展有显著正向影响。模型④在模型③的基础上，进一步增加了操作实践变量，R^2 提高至 0.064，加入操作实践后，认知实践的标准化回归系数下降，但是认知实践的解释力度依然较强。模型⑤校正后，调整后 R^2 比模型④更高，表明认知实践和操作实践的影响进一步被稀释。

表 6-16　职业发展影响因素的多元线性回归标准化系数

职业发展影响因素	①	②	③	④	⑤
男性(女性＝0)	−0.022**	−0.029**	−0.027**	−0.028**	−0.026**
学校层次:"211 工程"或"985 工程"高校(其他普通本科高校＝0)	−0.052**	−0.014	−0.009	−0.004	−0.004
入学前工作年份:有(无＝0)	0.027**	0.032**	0.026**	0.025**	0.041* *
导师指导形式(校内外导师组＝1,其他＝0)	0.88***	0.081***	0.08***	0.077***	0.077***
本科所学专业与硕士是否属同一领域:是(否＝0)	0.003	0.008	0.009	0.011	0.038
支持体系(题目加总后平均)		0.183***	0.94***	0.042***	0.043***
认知实践(题目加总后平均)			0.137***	0.051***	0.041***
操作实践(题目加总后平均)				0.166***	0.160***
反思实践(题目加总后平均)					0.121***
个案数	10 268	10 268	10 268	10 268	10 268
调整后的 R^2	0.008	0.042	0.052	0.064	0.068

以上 3 个多元线性回归模型中，在加入了认知实践、操作实践、反思实践后，模型调整后的 R^2 逐渐提升，都能够对因变量起到显著的作用，本章提出的研究假设得到验证。从认知实践、操作实践和反思实践的解释力度来看，在知识增长方面，解释力度最强的是认知实践，其次是操作实践，最后是反思实践，回归系数分别为 0.163、0.148 和0.139；在能力提升方面，解释力度最强的是操作实践，其次是反思实践，最后是认知实践，回归系数分别为 0.135、0.124 和 0.044；在职业发展方面，解释力度最强的是操作实践，其次是认知实践，最后是反思实践，回归系数分别为 0.160、0.121 和 0.041。这说明知识增长主要依靠认知实践(案例教学、移动课堂、在线课程等)获得，认知实践是获得知识的主要渠道。操作实践对能力提升和职业发展的作用最大，这也正契合我国专业学位特别重视专业实习和实践的开展。同时，反思实践对知识增长和职业发展的解释力度最弱，说明反思实践和其他两种实践相比，还没有充分发挥价值和作用。

第七章

基于问卷调研的分类实证研究

本章将对总体数据进行分类研究。我国硕士层次的专业学位有40种,不同层次高校、不同专业学位、不同培养模式、不同实践时间等对人才培养的影响可能有所差异,为了揭示这种差异,更准确地反映实践活动对专业学位研究生教育的价值,并对前文提出的专业学位分类和模式做出回应,本章对总体数据进行分类研究。采用定量研究方法,以SPSS19.0、Amos22.0统计软件为主要工具,结合前文访谈材料对理论框架的解释,对调研问卷进行包括回归分析和结构方程模型分析在内的数据分析。这种分类研究的具体适用性更强,更有利于聚焦某类专业学位实践活动的研究。

第一节　不同层次高校的对比分析

将参与调研的高校按照不同层次进行分类,分为"985工程"高校、"211工程"高校(指非"985工程"的"211工程"高校,下同)和其他普通本科高校。其中"985工程"高校参与调研的学生有2 105人,占总人数的20.5%;"211工程"高校参与调研的学生有2 516人,占总人数的24.5%;其他普通本科高校参与调研的学生人数最多,达到5 647人,占总人数的55.0%。

一、样本基本信息

如表7-1所列,天津大学、重庆大学、同济大学、华东师范大学和北京大学参与调研的学生人数较多,依次为234人、219人、213人、157人和154人,分别占"985工程"高校参与调研学生总人数的11.12%、10.40%、10.12%、7.46%和7.32%。

表7-1　"985工程"高校问卷主要来源学校及其所占比例

学　校	学校代码	人　数	占比/%
天津大学	10 056	234	11.12
重庆大学	10 611	219	10.40
同济大学	10 247	213	10.12
华东师范大学	10 269	157	7.46
北京大学	10 001	154	7.32
东南大学	10 286	134	6.37
上海交通大学	10 248	133	6.32
哈尔滨工业大学	10 213	133	6.32
中国农业大学	10 019	118	5.61
复旦大学	10 246	110	5.23
西北农林科技大学	10 712	108	5.13

如表 7 - 2 所列，中国石油大学(北京)、上海财经大学、上海大学、华东理工大学和江南大学参与调研的学生人数较多，依次有 371 人、240 人、194 人、185 人和 142 人，分别占“211 工程”高校参与调研学生总人数的 15.00%、9.54%、7.71%、7.35%和5.64%。

表 7 - 2 “211 工程”高校问卷主要来源学校及其所占比例

学　校	学校代码	人　数	占比/%
中国石油大学(北京)	11 414	371	15.00
上海财经大学	10 272	240	9.54
上海大学	10 280	194	7.71
华东理工大学	10 251	185	7.35
江南大学	10 295	142	5.64
中国石油大学(华东)	10 425	138	5.48
中央财经大学	10 034	135	5.37
对外经济贸易大学	10 036	130	5.17
西安电子科技大学	10 701	124	5.00
太原理工大学	10 112	122	4.85
长安大学	10 710	121	4.81

如表 7 - 3 所列，天津科技大学、华东政法大学、江苏大学、哈尔滨医科大学和天津工业大学参与调研的学生人数较多，依次有 262 人、259 人、240 人、239 人和 211 人，分别占其他普通本科高校参与调研学生总人数的 4.64%、4.59%、4.25%、4.23%和3.74%。

表 7 - 3 其他普通本科高校问卷主要来源学校及其所占比例

学　校	学校代码	人　数	占比/%
天津科技大学	10 057	262	4.64
华东政法大学	10 276	259	4.59
江苏大学	10 299	240	4.25
哈尔滨医科大学	10 226	239	4.23
天津工业大学	10 058	211	3.74

二、各类实践对比

表 7 - 4 展示了不同层次高校三类专业学位实践对人才培养价值的多元线性回归标准化系数。自变量对因变量影响显著，且不存在明显的自相关和多重共线性。

表 7-4 不同层次高校三类专业学位实践对人才培养价值的多元线性回归标准化系数

学校层次	变 量	知识增长	能力提升	职业发展
“985 工程”高校	认知实践	0.119***	0.083***	−0.015
	操作实践	0.313***	0.157***	0.116**
	反思实践	0.216***	0.140***	0.091***
	调整后的 R^2	0.339***	0.115***	0.040**
“211 工程”高校	认知实践	0.159***	0.110***	−0.098**
	操作实践	0.210***	0.118***	−0.014
	反思实践	0.200***	0.122***	0.093****
	调整后的 R^2	0.251***	0.094***	0.032**
其他普通本科高校	认知实践	0.195***	0.047**	0.080***
	操作实践	0.258***	0.053**	0.034
	反思实践	0.222***	0.255***	0.117
	调整后的 R^2	0.374***	0.109***	0.043***

表 7-4 反映出对于其他普通本科高校来说，课堂上的学习对专业学位学生的知识增长和职业发展十分重要，是他们获得知识、促进职业发展的主要途径；“985 工程”高校总体实力较强，因为具有培养学术学位学生的基础，所以在专业学位学生培养中具有天然的优势，集中体现在操作实践对各方面的影响均高于其他高校。

此外，“985 工程”高校中的认知实践、“211 工程”高校中的操作实践对职业发展的标准化系数不显著，说明这些高校专业学位中的实践对职业发展的重要性还没有得到很好的体现。

第二节 四类专业学位的对比分析

本书第二章按照与职业资格联系的密切程度，将专业学位划分为职业型学位和应用型学位两类。其中职业型学位是指为特定的职业培养人才，且与职业资格衔接特别密切，以临床医学、法律专业为代表；而应用型学位没有实现与职业资格的完全对接，具有一定的职业导向，相比于职业型学位来说，该学位学生选择职业的范围更广，以工程、工商管理专业为代表。本节旨在通过数据分析，来揭示这四类专业学位实践活动的差异以及实践活动对培养目标的作用和贡献。

一、样本基本信息

如表 7-5 所列，在临床医学硕士的调研问卷中，参与人数较多的高校有哈尔滨医科大学、徐州医学院、中国医科大学、上海中医药大学和陕西中医学院，依次回收问卷 219 份、167 份、107 份、100 份和 89 份，分别占总数的 22.0%、16.8%、10.7%、10.0%和 8.9%。

表 7-5 临床医学硕士问卷主要来源学校分布

学 校	学校代码	人 数	占比/%
哈尔滨医科大学	10 226	219	22.0
徐州医学院	10 313	167	16.8
中国医科大学	10 159	107	10.7
上海中医药大学	10 268	100	10.0
陕西中医学院	10 716	89	8.9
佳木斯大学	10 222	73	7.3
安徽医科大学	10 366	60	6.0
江苏大学	10 299	50	5.0
安徽中医药大学	10 369	39	3.9

如表 7-6 所列，在法律硕士调研问卷中，参与人数较多的高校有华东政法大学、南京师范大学、上海财经大学和北京大学，依次回收问卷 249 份、75 份、49 份和 41 份，分别占总数的 41.0%、12.3%、8.1%和 6.7%。

表 7-6 法律硕士问卷主要来源学校分布

学 校	学校代码	人 数	占比/%
华东政法大学	10 276	249	41.0
南京师范大学	10 319	75	12.3
上海财经大学	10 272	49	8.1
北京大学	10 001	41	6.7
对外经济贸易大学	10 036	13	2.1
上海大学	10 280	13	2.1
重庆大学	10 611	12	2.0
内蒙古农业大学	10 129	10	1.6
山西大学	10 108	9	1.5

如表 7-7 所列，在工程硕士调研问卷中，参与人数较多的高校有中国石油大学(北京)、重庆大学、江苏大学、江南大学和西安电子科技大学，依次回收问卷 257 份、170 份、166 份、136 份和 119 份，分别占总数的 5.9%、3.9%、3.8%、3.1%和 2.7%。

表 7-7　工程硕士问卷主要来源学校分布

学　校	学校代码	人　数	占比/%
中国石油大学(北京)	11 414	257	5.9
重庆大学	10 611	170	3.9
江苏大学	10 299	166	3.8
江南大学	10 295	136	3.1
西安电子科技大学	10 701	119	2.7
南京林业大学	10 298	117	2.7
中国石油大学(华东)	10 425	114	2.6
长安大学	10 710	111	2.6
上海交通大学	10 248	108	2.5

如表 7-8 所列，在工商管理硕士调研问卷中，参与人数较多的高校有华东理工大学、上海财经大学、对外经济贸易大学、华东师范大学和太原理工大学，依次回收问卷 112 份、29 份、21 份、21 份和 20 份，分别占总数的 25.0%、6.5%、4.7%、4.7%和 4.5%。

表 7-8　工商管理硕士问卷主要来源学校分布

学　校	学校代码	人　数	占比/%
华东理工大学	10 251	112	25.0
上海财经大学	10 272	29	6.5
对外经济贸易大学	10 036	21	4.7
华东师范大学	10 269	21	4.7
太原理工大学	10 112	20	4.5

2015 年应届毕业生在四类专业学位中的样本分布如表 7-9 所列。

表 7-9　四类专业学位学生样本的分布情况

单位：%

<table>
<tr><th colspan="3">项　目</th><th>临床医学</th><th>法　律</th><th>工　程</th><th>工商管理</th></tr>
<tr><td rowspan="6">个体特征</td><td rowspan="2">性别</td><td>男</td><td>38.4</td><td>44.4</td><td>65.1</td><td>56.1</td></tr>
<tr><td>女</td><td>61.6</td><td>55.6</td><td>34.9</td><td>43.9</td></tr>
<tr><td rowspan="4">年龄</td><td>20～25 岁</td><td>11.7</td><td>58.0</td><td>57.4</td><td>11.7</td></tr>
<tr><td>26～35 岁</td><td>85.4</td><td>41.2</td><td>42.3</td><td>65.0</td></tr>
<tr><td>36～45 岁</td><td>2.7</td><td>0.8</td><td>0.2</td><td>22.9</td></tr>
<tr><td>46 岁以上</td><td>0.2</td><td>0</td><td>0</td><td>0.4</td></tr>
</table>

续表 7-9

项目			临床医学	法律	工程	工商管理
入学前工作情况	入学前已工作几年	0	72.2	80.2	82.4	13.5
		小于1年	6.4	7.9	7.2	2.7
		1—3年	9.9	9.4	9.3	10.2
		3年以上	11.5	2.5	1.0	73.6
	入学前薪资	3 000元以下	53.6	50.4	50.6	7.6
		3 001—5 000元	34.0	26.7	33.9	18.1
		5 001—7 000元	8.2	16.3	11.6	16.3
		7 000元以上	4.1	6.7	3.9	58.0
	入学前工作与本专业相关度	完全不相关	3.1	27.5	10.2	7.1
		比较低	2.8	21.3	12.2	17.6
		有些相关	24.5	27.5	30.7	31.0
		比较高	27.3	13.1	30.1	33.3
		非常高	42.3	10.6	16.8	11.0
本科专业情况	是否与硕士属于同一领域	是	94.0	50.4	92.5	48.8
		否	6.0	49.6	7.5	51.2
院校层次		其他普通本科高校	98.6	55.7	48.8	26.0
		“211工程”高校	0.7	29.3	28.2	53.5
		“985工程”高校	0.7	15.0	23.0	20.6

注:因四舍五入,占比相加存在不等于100%的情况,余同。

表7-9展示了临床医学、法律、工程和工商管理四类专业学位学生样本的分布情况。基本信息数据显示,在个体特征、入学前工作情况、本科专业是否与硕士属于同一领域方面,四类专业学位均存在一定差异。

具体而言,在性别比例方面,临床医学、法律专业学位的男生比例低于女生,而工程、工商管理专业学位的男生比例高于女生;法律和工程专业学位学生的年龄低于25岁的比例超过50%,而临床医学和工商管理专业学位学生的年龄大于25岁的比例接近90%;在入学前工作情况方面,临床医学、法律和工程专业学位学生入学前没有工作经验的学生比例超过70%,说明这三个专业的大部分学生是应届毕业生,而工商管理专业学位学生有3年以上工作经验的比例高达73.6%。在入学前薪资方面,临床医学、法律和工程专业学位学生低于3 000元的比例超过50%,而工商管理专业学位学生超过7 000元的学生的比例达到58.0%。在院校层次方面,临床医学专业学位学生几乎都来自其他普通本科高校,法律、工程专业学位学生分别有55.7%、48.8%的来自其他普通本科高校,而工商管理专业学位学生则有74.1%来自“211 工程”及“985 工程”高校。

二、各类实践对比

依然以认知实践、操作实践、反思实践为自变量，以知识增长、能力提升、职业发展为因变量，对四类专业学位学生的问卷数据进行多元线性回归分析，检验认知实践、操作实践、反思实践对知识增长、能力提升、职业发展的影响。表 7-10 展示了四类专业学位的实践对人才培养价值的多元线性回归标准化系数。自变量对因变量影响显著，且自变量不存在明显的自相关和多重共线性。

表 7-10 四类专业学位的实践对人才培养价值的多元线性回归标准化系数

专业学位	变 量	知识增长	能力提升	职业发展
临床医学	认知实践	0.136***	0.113***	0.004***
	操作实践	0.089***	0.132***	0.174***
	反思实践	0.284***	0.081***	0.091***
	调整后的 R^2	0.389***	0.158***	0.043***
法律	认知实践	0.213***	0.205***	0.069**
	操作实践	0.237***	0.008***	0.048**
	反思实践	0.116***	0.011***	0.030***
	调整后的 R^2	0.306***	0.064***	0.005**
工程	认知实践	0.217***	0.038***	0.044***
	操作实践	0.117***	0.191***	0.165***
	反思实践	0.158***	0.152***	0.022***
	调整后的 R^2	0.323***	0.115***	0.058***
工商管理	认知实践	0.187***	0.094***	0.080***
	操作实践	0.113***	0.130***	0.127***
	反思实践	0.007***	0.035***	0.229***
	调整后的 R^2	0.238***	0.116***	0.096***

在表 7-10 中，总体上看，法律专业的认知实践对知识增长、能力提升和职业发展的解释力度良好。在知识增长回归的标准化系数中，工程专业最高，其次是法律和工商管理专业，两者比较接近，临床医学专业最低；在能力提升回归的标准化系数中，法律专业最高，其次是临床医学和工商管理专业，工程专业最低；在职业发展的回归标准化系数中，工商管理专业最高，其次是法律和工程专业，临床医学专业最低。操作实践对四类专业学位学生的培养目标的多元线性回归标准化系数出现了明显的两极分化。工商管理、临床医学和工程专业基本都是知识增长系数低，职业发展和能力

提升系数高；而法律专业则相反，知识增长系数高，职业发展和能力提升系数低。

回归分析结果显示，职业型学位和应用型学位中的实践活动对人才培养价值的差异并不明显，没有显示出某一类学位高于另一类学位。

第三节　两种培养模式的对比分析

本书第二章从实践的视角对专业学位的不同培养模式进行了梳理，认为国内高校主要存在两种理论和实践相结合的模式，即线性分段培养模式和工学交替培养模式。本节将分别以A大学和B大学为例，分析不同培养模式中的实践活动对人才培养价值的影响。

作为石油特色鲜明的教育部直属重点高校，服务国家能源战略和满足国内石油石化企业的人才需求是A大学的责任和使命。A大学创立了校企协同、理论与实践相融通的“课程教学（校内学习0.75年）—实践训练（研究生工作站实习1～1.5年）—论文研究（校内0.75～1.25年）”的三段式培养模式，即第一阶段（入学年9月至第二年4月）在学校进行课程学习；第二阶段（入学第二年5月至第三年9月）在企业进行工程实践训练；第三阶段（入学第三年10月至第四年6月）根据工作站实习进展情况返回学校或继续在企业进行论文研究。这种课内外、校内外相结合的人才培养体系，实现了专业基础理论与工程实践的全程贯通和实践能力的递进式培养。

B大学选择汽车作为行业定位培养模式的首个试点行业，以满足汽车行业人才需求为导向，以培养能够适应和引领行业发展的高层次应用型人才为目标，建立了按行业大类定位、多主体协同创新的汽车行业高层次复合型人才培养模式，在专业学位研究生培养模式改革上做出了有益探索。B大学打破了传统的院系组织架构所形成的学科专业培养框架束缚，将人才培养责任主体从单一院系转变为跨学院、跨学科的学部或协同创新中心，实行以学部为单位按照行业大类定位的人才培养模式，为建立协同创新的复合型人才培养体系奠定了组织与制度基础。B大学实行“3＋1＋2”本硕贯通和“实践＋学习＋实践”的培养模式。其中，3指3年本科本专业知识学习，1指大四1年补修汽车基础课程，2指研究生2年进行汽车特定领域研究实践。课程学习与实践交叉进行，通过认知性实习发现问题，“带着问题”返校学习研究，随后再回到企业印证和解决问题。

一、样本基本信息

此次调研回收A大学工程硕士有效问卷257份，工程硕士各领域参与问卷调研人数及其占比见表7-11，样本分布情况见表7-12。

表 7-11 A大学工程硕士各领域参与问卷调研人数及其占比

工程硕士领域	人　数	占比/%
石油与天然气工程	79	30.7
地质工程	54	21.0
化学工程	31	12.1
机械工程	22	8.6
控制工程	16	6.2
电子与通信工程	10	3.9
计算机技术	10	3.9
材料工程	9	3.5
安全工程	5	1.9
测绘工程	4	1.6
动力工程	4	1.6
光学工程	3	1.2
电气工程	2	0.8
环境工程	2	0.8
软件工程	2	0.8
生物医学工程	1	0.4
食品工程	1	0.4
冶金工程	1	0.4
物流工程	1	0.4
合计	257	100.0

表 7-12 A大学学生样本分布情况

指　标	题　项	选　项	占比/%
个体特征	性别	男	75.1
		女	24.9
	年龄	20～25 岁	48.3
		26～35 岁	51.7
入学前工作情况	入学前已工作几年	0	82.8
		小于 1 年	3.8
		1～3 年	11.5
		3 年以上	1.9

续表 7-12

指　标	题　项	选　项	占比/%
入学前工作情况	入学前薪资	3 000 元以下	29.4
		3 001～5 000 元	44.3
		5 001～7 000 元	23.0
		7 000 元以上	3.3
	入学前工作与本专业相关度	完全不相关	6.2
		比较低	8.8
		有些相关	33.8
		比较高	30.0
		非常高	21.2
本科专业情况	是否与硕士属于同一领域	是	93.5
		否	6.5

此次调研回收 B 大学工程硕士有效问卷 170 份，其中工程硕士各领域人数及其占比见表 7-13，样本分布情况见表 7-14。

表 7-13　B 大学工程硕士各领域参与问卷调研人数及其占比

工程硕士领域	人　数	占比/%
建筑与土木工程	25	14.7
机械工程	18	10.6
控制工程	13	7.7
电气工程	12	7.1
电子与通信工程	12	7.1
材料工程	11	6.5
水利工程	11	6.5
生物医学工程	8	4.7
车辆工程	7	4.1
计算机技术	7	4.1
化学工程	6	3.5
环境工程	6	3.5
测绘工程	5	2.9
光学工程	5	2.9
动力工程	5	2.9
项目管理	4	2.4
核能与核技术工程	3	1.8

续表 7-13

工程硕士领域	人　数	占比/%
地质工程	2	1.2
工业工程	2	1.2
集成电路工程	2	1.2
冶金工程	2	1.2
安全工程	1	0.6
交通运输工程	1	0.6
软件工程	1	0.6
物流工程	1	0.6
合计	170	100.0

表 7-14　B 大学工程硕士样本分布情况

指　标	题　项	选　项	占比/%
个体特征	性别	男	80.0
		女	20.0
	年龄	20～25 岁	68.2
		26～35 岁	31.8
入学前工作情况	入学前已工作几年	0	76.5
		小于 1 年	10.6
		1～3 年	11.8
		3 年以上	1.1
	入学前薪资	3 000 元以下	60.0
		3 001～5 000 元	32.4
		5 001～7 000 元	7.6
		7 000 元以上	0
入学前工作情况	入学前工作与本专业相关度	完全不相关	7.7
		比较低	20.0
		有些相关	30.0
		比较高	27.6
		非常高	14.7
本科专业情况	是否与硕士属于同一领域	是	96.5
		否	3.5

二、各类实践对比

如表 7－15 所列，自变量(认知实践、操作实践、反思实践)对因变量(知识增长、能力提升、职业发展)影响显著，且自变量之间不存在明显的自相关和多重共线性。

表 7－15 两所不同培养模式高校三类实践对人才培养价值的多元线性回归标准化系数

专业学位	变　量	知识增长	能力提升	职业发展
A 大学	认知实践	0.189*	0.021	0.083
	操作实践	0.184*	0.176	0.122
	反思实践	0.258**	0.185	0.180
	调整后的 R^2	0.317***	0.110***	0.031***
B 大学	认知实践	0.485***	0.141***	0.045
	操作实践	0.080	0.195***	0.061
	反思实践	0.097	0.091***	0.071
	调整后的 R^2	0.297***	0.127***	0.007**

从表 7－15 中可以发现，在认知实践方面，B 大学的工学交替培养模式对知识增长和能力提升的解释力较大，但对职业发展的解释力度低于 A 大学的线性分段培养模式；在操作实践方面，A 大学的线性分段培养模式对学生能力提升没有显著影响，B 大学的工学交替培养模式对学生能力提升有显著影响，但 A 大学的线性分段培养模式对知识增长和职业发展的解释力度明显高于 B 大学的培养模式；在反思实践方面，无论是知识增长、能力提升还是职业发展，A 大学的线性分段培养模式的解释力度均明显高于 B 大学的工学交替培养模式。

第四节　两类集中实践时间的对比分析

一、样本基本信息

集中实践是指专业学位培养单位统一组织安排的实习或实践，但各类专业学位的要求不一样。本节选取工程硕士为代表，按照集中实践的时间进行对比研究，其中实践时间为 6 个月的学生有 280 人，实践时间为 12 个月的学生有 292 人。表 7－16 为工程硕士实践时间为 6 个月和 12 个月的主要学校。

表 7－16 工程硕士实践时间为 6 个月和 12 个月的主要学校

实践时间	学 校	学校代码	人 数	占比/%
6 个月	东南大学	10 286	36	12.86
	华东理工大学	10 251	23	8.21
	江南大学	10 295	23	8.21
	上海交通大学	10 248	22	7.86
12 个月	中国石油大学(北京)	11 414	60	20.55
	华北电力大学(北京)	10 054	34	11.64
	上海电机学院	11 458	24	8.22
	同济大学	10 247	21	7.19

二、各类实践对比

以认知实践、操作实践、反思实践为自变量，以知识增长、能力提升、职业发展为因变量，对回收的数据进行多元线性回归分析，检验认知实践、操作实践、反思实践对知识增长、能力提升、职业发展的影响。表 7－17 展示了两类集中实践时间、三类实践对人才培养价值的多元线性回归标准化系数，自变量对因变量影响显著且自变量之间不存在明显的自相关和多重共线性。

表 7－17 两类集中实践时间、三类实践对人才培养价值的多元线性回归标准化系数

专业学位	变 量	知识增长	能力提升	职业发展
实践时间短(6 个月)	认知实践	0.152***	0.002	−0.083
	操作实践	0.255***	0.247**	−0.157
	反思实践	0.190**	0.075	−0.023
	调整后的 R^2	0.289***	0.093***	0.040***
实践时间长(12 个月)	认知实践	0.032***	0.036	−0.170
	操作实践	0.254***	0.191*	−0.044
	反思实践	0.283***	0.201*	−0.071
	调整后的 R^2	0.264***	0.143***	0.057**

从表 7－17 中可以发现，进行认知实践 6 个月的学生在知识增长和职业发展方面的提升要高于实践时间为 12 个月的学生；进行操作实践 12 个月的学生在职业发展方面的提升更大，但在知识增长和能力提升方面与实践时间为 6 个月的学生没有明显差异；进行反思实践 12 个月的学生在知识增长和能力提升方面的提升明显高于实践时间为 6 个月的学生。

可见，并不是实践时间越长，实践对人才培养价值就越大。实践时间的有效性有待进一步提高，有效的实践还依赖于时间因素之外的其他因素。

第五节　校外人员参与实践活动程度的对比分析

全日制专业学位自设置伊始就非常重视与外界的合作。例如，校企合作的培养模式、校外人员的参与、专业学位教育良好的社会环境，都是专业学位研究生教育发展的重要保障。这些不仅在总体设置方案中有明确说明，而且在专业学位培养过程中也有所体现。从前文研究中可以发现，校外人员的确在一定程度上参与了人才培养过程，具体表现有：校外人员参与实践或职业内容为主的课程讲授，且均值达到3.64；校外人员参与学术或行业前沿或行业实践讲座，且均值达到3.73（表6－4）；校外人员参与学位论文或其他形式毕业成果的开题、答辩，且均值也在3.75及以上（表6－7），等等。

那么，校外人员参与能否与实践一样，作为一个内生变量直接影响人才培养目标的实现呢？本研究力图通过实证调研分析，观察校外人员参与的实际状况，结合培养过程的主要环节，探究校外人员在专业学位研究生教育培养目标的实现中是否发挥了显著作用。依据我国专业学位设置的总体方案，本研究将校外人员参与度作为重要的自变量进行考察，并提出如下假设。

假设1：校外人员的参与度是一个内生变量，直接影响学生对培养目标达成的感知评价，即校外人员的参与必不可少，不能被代替。

本研究中，校外人员的参与题目有：校外人员参与学术或行业前沿或行业实践讲座；实习期间，校外导师或行业人员的关心指导；校外人员参与学位论文或其他形式的毕业成果的答辩；校外人员参与学位论文或其他形式的毕业成果的开题；校外人员参与学位论文或其他形式的毕业成果的过程中的指导，将这些题目加总后取均值作为校外参与变量。

将校外人员参与、认知实践、操作实践、反思实践作为结构方程模型中的自变量，培养目标中的知识增长、能力提升和职业发展三个维度作为结构方程模型中的因变量。依据假设1，使用Amos22.0构建结构方程模型1，如图7－1所示。

本研究的有效问卷数量为10 268份，CMIN＝738。在采用SEM进行数据分析时，样本观察值越大，卡方值与自由度比值就会越大，此时整体模型的适配度不应只以卡方值或自由度比值作为唯一的判断准则，其他适配度指标也是重要的判别标准。在结构方程模型1中，RMSEA＝0.155，CFI＝0.977，NFI＝0.977，IFI＝0.787，由于RMSEA大于0.08，未达到模型适配标准，所以假设模型1不能被接受。

在不同层次的高校之间，校外人员的参与是否会有显著的差异呢？将全部学生的数据分为两类，即“211工程”“985工程”高校和其他普通本科高校。然后使用

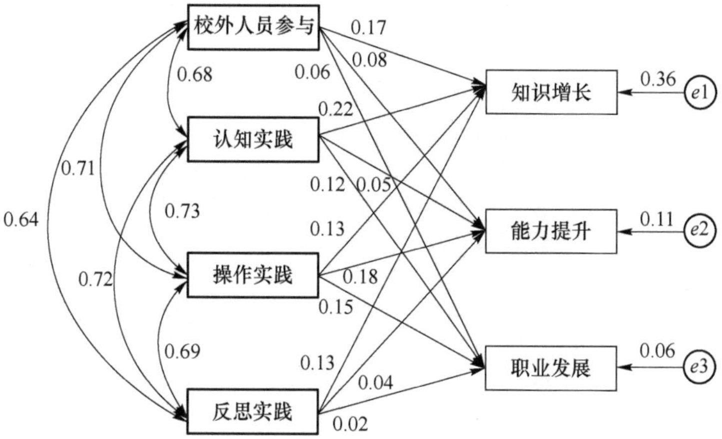

图 7-1　结构方程模型 1(所有高校数据)结果截图

***e* 代表残差,余同**

Amos22.0 基于这两类数据分别构建结构方程。

假设 2:对于"211 工程""985 工程"高校来说,校外人员的参与度是一个内生变量,直接影响学生对培养目标达成的感知评价,即校外人员的参与必不可少,不能被代替。为了便于观察,删掉了自变量对因变量小于 0.1 的标准化路径系数,此时的结构方程模型 2 如图 7-2 所示。

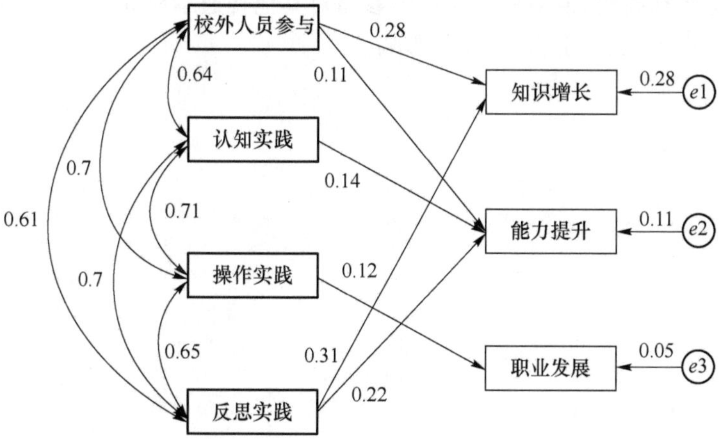

图 7-2　结构方程模型 2("211 工程""985 工程"高校数据)结果截图

此时 RMSEA=0.178,CFI=0.917,NFI=0.917,IFI=0.690,由于 RMSEA 仍大于 0.08,未达到模型适配标准,所以假设模型 2 依然不能被接受。

假设 3:对于其他普通本科高校来说,校外人员的参与度是一个内生变量,直接影响学生对培养目标达成的感知评价，即校外人员的参与必不可少，不能代替，此时的结构方程模型 3 如图 7 - 3 所示。

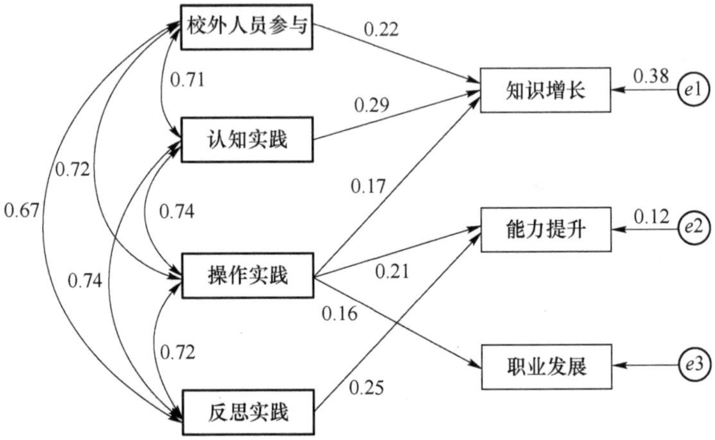

图 7 - 3　结构方程模型 3(其他普通本科高校数据)结果截图

此时 RMSEA＝0.140，CFI＝0.982，NFI＝0.982，IFI＝0.917，由于 RMSEA 仍旧大于 0.08，还是未达到模型适配标准，所以假设模型 3 依然不能被接受。但是通过模型适配度主要指标 RMSEA 可见（RMSEA 越低拟合效果越好），虽然其他普通本科高校的结构方程模型拟合度欠佳，但是其拟合效果好于“211 工程”“985 工程”高校，也略好于所有高校，说明校外人员的参与对其他普通本科高校培养目标的影响要高于对“211 工程”“985 工程”高校的影响。

第八章
研究结论与政策建议

本章对本书的整体研究进行了系统总结，呈现了主要研究结论，提炼了本书的创新点和局限，在此基础上提出了政策建议和改良策略，以期为未来我国专业学位研究生教育中的实践活动的发展和研究提供借鉴。

第一节　主要结论

本书之所以选择研究专业学位研究生教育实践活动的内涵、形式和价值这一问题，是基于以下考虑：2009 年，全日制专业学位研究生大量扩招，针对这些实践经验匮乏的学生，怎样提升他们的实践能力既是高校实现培养目标的需要，也是学生自身成长的需要。专业学位学生的培养要重视实践，那么明晰实践的内涵则是前提，传统的观点认为实践是“知识、理论或者科学技术的运用”，本书经过研究发现，实践的内涵包罗万象，而专业学位研究生教育实践活动不是从理论到实践的单向过程，而是理论与实践的反复交替，是知识获得、传播、拓展、创造的过程，进而本书将实践分为认知实践、操作实践、反思实践。专业学位研究生教育实践活动既具有传统的知识生产模式 1 的特征，也具有知识生产模式 2 和模式 3 的特征，专业学位的发展处于三种知识生产模式并存的情境之中。本书将知识生产模式 2、模式 3 的要素与我国专业学位三种实践路径相结合，构建了专业学位实践活动的概念框架和理论体系。

笔者围绕这一问题开展了充分的调研，获得了大量宝贵的研究素材。“创新专业学位研究生培养模式研究”课题组调研了全国 8 个省市，深入访谈了 28 位专业学位学生，回收了 10 268 份专业学位应届毕业生有效问卷，整理了全国各类专业学位 20 个优秀实践案例。主要结论如下。

一、重新界定了专业学位的内涵

专业学位是一种非学术职业导向的学位类型，具有开放性、外适性、探索性和复合性的特征。本书通过对国内外专业学位历史演进及文献的梳理，对国内外专业学位进行了比较，发现我国的专业学位与国外的专业学位存在差异，国外典型的“专业学位”近似于职业学位，具有强烈的职业导向性，而我国的专业学位与相应职业资格的对接程度有强有弱，总体可认为是具有一定的职业导向且培养目标明显不是学术型人才，即未来不从事学术研究的职业学位。

专业学位的开放性。随着社会经济的发展、产业兴衰的更迭、职业“冷”与“热”的变化，专业学位也会不断得到调整或设置新的项目和种类。国外在具体专业学位项目的设置上较为自由和开放，而我国专业学位的调整则需根据时势的要求和变化。近年不断有新的专业学位项目顺势而生，如高端学位项目、大数据项目、跨学科项目、“一带一路”项目等的涌现就是高校应时势所需“创设”出来的，没有先例可循，由此可见，专业学位是充满活力的学位类型。

专业学位的外适性。专业学位研究生教育能否实现可持续发展，在很大程度上依据行业、产业的兴衰，这就要求其关注外界(行业、产业)的动态。由于社会经济发展瞬息万变，专业学位要适应并且引领未来发展，就必须与时俱进。

专业学位的探索性。专业学位的探索性在研究生培养过程中有明显体现。参与者的多元化：高校依然是教育的主体，同时专业学位研究生教育有了更多学校外部的参与者，双导师或多导师队伍的建立，中间机构或第三方机构如行业学会、协会的介入，都为专业学位研究生教育提供了更多的资源，多方共同支持专业学位的发展。场地的扩展：各级各类联合培养基地、研究生工作站的建立，创新区等集中实践基地都为学生的实践提供了广阔的平台。

专业学位的复合性。这主要是基于培养跨学科、复合型人才的需要，因为单一学科难以应对复杂的社会现实问题。目前，我国复合专业的发展还处于实验探索阶段，主要体现在双学位、辅修证书、跨校专业选修等形式上，拓展了专业学位多元化发展的路径，为学生成长成才提供了更多平台。

以上特征充分显示专业学位是一种开放包容、充满生机活力的学位类型，没有统一固定的模式，有充分的创新和探索的空间。美国的一些专业学位不要求撰写学位论文，如美国普渡大学的大部分专业学位不要求撰写学位论文；英国的授课型学位要求学生必须参加课程学习，研究型学位要求学生必须撰写学位论文；我国大多数培养单位的培养环节中包含课程学习、专业实践和撰写学位论文。就我国专业学位来看，虽然有统一要求，但是在具体操作上，高校又有充分的自由发挥空间。例如，在实践环节，学生既可以自己找单位，也可以跟随导师做项目；既可以在校内实践基地实践，也可以到联合培养单位实践。学位论文的形式也出现了多样化，如“论文包”、以其他考核形式代替学位论文等。

依据不同的标准，可以对专业学位培养模式有不同的划分。依据培养定位，可以将专业学位划分为项目团队定位模式和行业定位模式；依据理论与实践的结合方式，可以将专业学位划分为线性分段模式和工学交替模式。这些培养模式体现出各校在积极探索专业学位研究生教育的发展路径。

二、重新界定专业学位研究生教育实践活动的内涵

通过对国内外实践的历史演进和文献的梳理，发现不同时期、不同群体对实践的理解也存在差异，实际上实践的内涵十分丰富，本书将实践分为狭义的实践和广义的实践，通常所谓的“实习或实践”是狭义的实践，即技术实践，指科学技术理论的应用。目前我国专业学位的实践环节即强调这种实践，但又不局限于此，学生参观访问行业产业，参加各种比赛、志愿者服务等亦是实践，对学生道德品格、职业伦理、社会责任感等同样有积极的影响。

本书从知识和认知的角度将实践分为认识实践、操作实践、反思实践三个层次。在我国，这三个层次的实践一般表现为课程学习、专业实践和学位论文，且贯穿人才培养的全过程。

认知实践主要是对知识的记忆和理解过程，主要体现在课堂教学上，除了传统的授课外，还出现了案例教学、移动课堂、在线课程、情景模拟、工作坊等多种形式，越来越多的校外人员参与到授课中，学生有了更多走出校园的机会。认知实践能够加深学生对理论知识的理解，促进学生知识增长，激发学生对专业的热爱和兴趣，有利于学生从课堂外获得知识，增长见识，使学生对职业发展有大概的预判。

操作实践主要是知识应用、扩展的过程。知识在不同的群体之间传播、扩散，并且伴有新知识的产生，如专利和著作，其突出的一点就是与专业现实问题密切结合，以解决现实问题和创造价值为导向，使学生各项能力得到提升。

反思实践主要体现了知识的创造。这种创造直接为了现实需要服务，有些学生的学位论文从“应用走上理论”，也有学生根据操作实践做成了单位需要的技术手册等，这些反思伴有研究的思维，知识创新的特点显著。

三、构建专业学位研究生教育实践活动的理论框架

在专业学位研究生教育实践活动的理论框架下，知识生产模式 2 和模式 3 的多元要素释义与专业学位研究生教育实践活动层次得到对应，展现了不同层次实践的形式和价值。知识生产模式 2 中的要素：应用情境、参与者、跨学科、场地范围、组织形式、质量控制和我国专业学位实践能够契合，这些要素在实践的三个层次中都得到了体现，能够一一对应，为专业学位发展提供了有力的理论依据，在第四章已有详细阐述。从专业学位研究生教育实践活动整体来看，知识生产模式 2 的要素在实践中有所表现。例如，培养主体多元化和组织异质性：政府、各类事业单位、企业、公益性组织、国际组织的参与。导师指导跨学科：双导师（校内导师和企业导师）、导师组（现场实习师傅、企业导师）。新形式的质量控制：除了传统的学位论文外，还出现了报告、专利、“论文包”等多种形式的质量评价。

知识生产模式 3 中的“网络”和“集群”在专业学位发展中也已经有所体现。例如，各类联盟层出不穷：区域联盟，如广东省佛山、东莞和中山三市三个区域性研究生联合培养基地联盟；行业特色高校联盟，如七所医科高校联盟；产学研联盟；各类技术创新联盟；等等。各类“集群”的涌现，如上海张江研究生联合培养基地，成为上海乃至全国培养芯片、软件、生物医药等高科技领域研究生的“摇篮”；苏州独墅湖高教园区，成为集教育、科研、新兴产业为一体的现代化新城区；常州科教城，着力构建教育、科技和社会服务三大公共平台；等等。

四、总体实证研究表明理论框架具有良好的解释意义

本书通过对全国专业学位大量优秀案例的研究以及对利益相关者的访谈，发现每个层次的实践都使学生的知识得到增长、能力得到提升，促进了职业发展。

对回收的 10 268 份数据进行量化研究发现，在多层线性模型分析中，实践对知识增长、能力提升和职业发展有显著的正向影响，第六章提出的研究假设 1、2、3 得到验证。回归结果还显示，各层次学校培养目标的实现情况存在差异，其他普通本科高校学生在职业发展上的回归结果高于“211 工程”及“985 工程”高校，说明各类学校既有自己擅长的方面，也有短板。进一步从学校层次、专业学位类型、培养模式、两类集中实践时间等四个维度进行分类对比，发现各个维度下专业学位研究生教育的实践活动的价值均有差异。

第二节　研究创新点

本书的创新点体现在对概念的重新界定、分析视角的转变和理论框架的建构上。

首先，本书重新界定了专业学位的内涵，与以往研究最大的区别就是，本书认为专业学位的培养目标主要是非学术职业人才。在此基础上，本书深入阐述了专业学位的特征，基于专业学位与职业资格联系的密切程度对其进行了分类，提炼了不同的专业学位培养模式。

其次，本书转变了实践的分析视角。已有研究基本都是将实践作为专业学位的一个培养环节进行研究，集中在实践能力、实践教学、实践基地等方面；本书将专业学位研究生教育实践活动作为一个整体来研究，从理论层面去研究实践，从不同层次去研究实践。

最后，基于知识生产模式理论，本书构建了专业学位研究生教育实践活动理论框架。从知识生产模式理论出发，将知识生产模式 2、模式 3 的要素与我国专业学位研究生教育实践的三个层次相结合，展现出了不同层次实践的形式和价值。研究表明，该框架能够较好地解释专业学位研究生教育实践活动，且不同层次实践的价值存在差异。

第三节　研究局限

本书对专业学位研究生教育实践的内涵、形式和价值进行了研究，但如何对不同的实践进行评价还需后续的深入研究。认知实践中的案例教学、移动课堂、在线课

程、情景模拟、工作坊等，是各校专业学位对课程教学的突破和创新，是顺势而为对课程改革的有益尝试，受到了学生的欢迎，但是其效果却不见得是立竿见影的，也是难以进行量化评价的。对操作实践的评价，现有的方式多数是报告，有些实践基地会给实践一年以上且完成实践任务的学生颁发实习证书，并研制调研分析报告，以改进实践质量评价体系，怎样才能使实践评价不至于走过场还需要相关部门的思考和努力。对于反思实践，多数高校依然以学位论文为主要评价形式，虽然鼓励试行多种评价形式，但诸如评价标准等使导师存在顾虑，没有大范围开展。专业学位学生是否必须完成学位论文，怎样破解制度障碍以及如何推进其他形式的反思实践和合理评价，还需要不断开拓新的评价方法和手段。

第四节　政策建议

实证研究表明，本书构建的理论框架是可行的，具有良好的解释意义。目前多种实践形式基本产生了积极的效果，但也存在差异，在取得成绩的同时，尚有需要改进和调整的地方。基于理论和实践层面的研究，本书提出以下政策建议，以助力我国专业学位研究生教育实践活动的更好开展。

一、政策制定需具有一定的弹性和灵活性

基于对专业学位内涵和特征的重新认知，政策制定须因势利导，具有一定的弹性和灵活性。专业学位的内涵和特征决定了其是与社会经济发展息息相关的学位类型，那么制定政策时就应该不拘一格，要因时因地制宜。

建议研究生学位类型多样化，如专业学位本身又可以分为纯粹的职业型学位和具有一定职业导向的应用型学位。学位类型划分的标准可以是多元的、弹性的，不一定就是非黑即白的，从国外来看亦是如此，美国或英国的“专业学位”都体现出学位类型多样化的特点。

我国专业学位和学术学位的区分基于经济社会发展和高等教育结构调整等宏观因素的考虑，但从微观角度来看，专业学位研究生的主要供给者(学校)和主要需求者(用人单位)，对专业学位或学术学位的区分并不是特别关注。学校主要考虑就业和职业发展，不论何种学位，只要能使学生有良好的发展机会和广阔的就业空间，就会成为它们的首选。用人单位对工商管理硕士、工程硕士较为熟悉，而对其他很多专业学位还相对陌生。多数用人单位在招聘时主要看应聘者的综合素质、学科背景等，对学术学位和专业学位并不进行分类招聘，所以大部分学生在求职过程中感受到比较重要的是专业是否对口、是否有实习经历、综合素质和学校的声誉等。可以说，只要有利于就业的学位，学生和用人单位都欢迎，专业学位和学术学位在就业和求职上的

差异还没有明显体现出来。再者，某些专业的区分度本就不明显，如工程硕士即便对应的是工学硕士，在学习过程中也会或多或少地涉及应用，说明专业学位和学术学位有一定的交叉，某些专业学位与学术学位培养模式的差别没有明显体现，甚至这种差别的大小也难以考量。那么在这两种学位之间是否还存在其他学位类型，如过渡型学位，也许是今后探索的方向。

建议专业学位学制弹性化。目前，我国专业学位硕士研究生学制一般为 2～3 年，培养过程一般包括课程学习、专业实践、撰写学位论文等环节。课程学习、专业实践和撰写学位论文若要在 2 年时间内高质量地完成，时间非常紧张，建议对不同专业学位各个培养环节的安排有所侧重，实行弹性学制。再者，在职和全日制专业学位研究生也存在不同，在职专业学位研究生的工作经验非常丰富，是带着工作中的问题来深造的，目的是解决工作岗位中的实际问题；而全日制专业学位研究生基本上招收的是应届本科生，有工作经验的非常少，后续还面临着就业压力，因此，学制的设计也要考虑不同生源的特点。美国根据专业类型、学生学术和工作背景的不同，将学制灵活设置成 1～3 年不等。其中，大多专业硕士为 1～2 年，远程教育为 3 年，联合学位一般为 2～2 年半①；而英国硕士层次学生可以自主选择学习阶段，十分灵活，授课型硕士一般 1 年时间便可取得学位。

从政策导向上对专业学位与学术学位进行区分。我国专业学位脱胎于学术学位，有些高校在培养过程中会不自觉地沿用学术学位的培养模式，这不仅混淆了学位类型，也使学位分类失去了意义。对专业类别的调整有利于二者的区分。专业学位和学术学位在职业导向上的区别就是学术学位学生的就业导向是学术研究方面的工作，目的是在学术上取得较深的造诣：而专业学位学生的就业导向是非学术研究工作，目的是创造实用价值和效益。目前，国内已有少数高校对二者的就业导向做出了明确区分，如清华大学针对学术学位和专业学位的培养侧重点不同，前者侧重于学生科研能力的提升，后者则侧重于学生应用能力和专业实践能力的提升。② 哈尔滨工业大学根据博士、硕士研究生层次的不同和学位类型的不同分成学术型系列和应用型系列。③

不同专业学位根据自身特点对实践的侧重不同，难以整齐划一，应该因地制宜。比如，临床医学专业学位的实践时间（临床轮转 33 个月）远高于其他专业学位，且实践在真实情境下进行，如果不在"真刀真枪"的环境下实践，就达不到毕业要求，科研训练与学位论文则在临床轮转的业余时间完成。可以认为临床医学对操作实践的要求很高，对认知实践和反思实践的要求就相对较低。法律硕士既强调实践教学，也重视实务部门实践，认知实践与操作实践并重。由于部分工商管理专业学生是在职攻

① 张建功. 中美专业学位研究生培养模式比较研究[D]. 广州：华南理工大学，2011.

② 陈吉宁. 转变理念 创新模式 培养高层次应用型专业人才[J]. 学位与研究生教育，2011(4)：8－10.

③ 吴蔚，何昌清，古继宝. 我国研究生分类培养的理念、实践与困惑[J]. 研究生教育研究，2015(1)：48－52.

读，其注重课堂上的讲授，强调采用案例教学和具有实践经验的专家参与授课，是认知实践比较强、操作实践比较弱的专业学位。从2010年工商管理专业学位综合改革试点学校来看，各校普遍重视课程改革。

在专业学位授权审核方面，应给予高校更多的自主权并适时评估授权点。本书建议我国专业学位授予审核将重点放在对开展专业学位教育学校的整体实力的审核上，在充分尊重学校的办学自主权的基础上，充分考虑不同因素的交叉影响，如整体实力强的学校有良好的办学基础、雄厚的师资力量、较高的社会声誉，这些因素对申请攻读专业学位的学生有较大吸引力。目前，我国已允许符合条件的高校自行设置学术型硕士、博士学位，专业学位学校授权也应及时跟进。本书建议应秉承专业学位开放的理念，逐步构建依据社会发展和需求，进行专业学位项目授权的项目设置和项目退出机制的建立，保持专业学位教育的弹性和灵活性，为社会经济发展提供有效的人才供给，为其长远发展注入活力。专业学位授权可以更加倾向于这类学校，该校在本科教育亦体现出职业教育实力强、市场需求大的特点，提高这些学校的办学积极性，鼓励它们发挥特色优势，尤其是那些本科教育及相关专业已获得专业领域职业认证的高校，可以借鉴按学校类型指定专业学位授权的模式，实现专业学位的多元发展路径，进一步扩大专业学位发展的空间。建立专业学位接受第三方专业认证机构评估的制度，在有些领域可以直接通过第三方专业认证机构的评估，落实专业学位授权的再次评估授权，建立专业学位的准入和退出机制，保证专业学位的质量。

我国部分省市区在充分尊重高校办学自主权的基础上，强化了对区域内学位授权点的评估，并定期对学位授权点进行动态调整。上海市在推进学位点动态调整过程中，确立了"单位自主调整和市级统筹调整相结合""需求导向和质量导向相结合""特色发展和总体布局相结合"的"三结合"原则。2016年上半年，辽宁省通过学位授权点动态调整工作，引导高校撤销培养规模偏大、生源萎缩、学生就业困难、社会需求不足的学位授权点33个，增设农业、车辆工程、安全工程、测绘工程等专业学位类别和工程硕士领域15个，新增专业学位授权点超过增列学位授权点总量的50%。[①]

二、产学研结合为专业学位发展创造良好环境

尽管实证研究发现校外人员还不能作为内生变量发挥作用，但是校外人员对学生知识增长、能力提升和职业发展的提升作用仍然是显著的，这体现了专业学位实践性的渗透作用以及校外人员参与的教育价值。

若要保持中国专业学位的优势和特点，破解发展中的难题，就应该加强高校与外界的联系，密切产学研合作，为专业学位实践建构良好的社会环境和支撑体系。要理

① 辽宁省教育厅.辽宁省深化专业学位研究生教育综合改革经验做法[EB/OL].(2018-03-12)[2018-04-30].http://www.moe.gov.cn/s78/A22/A22_ztzl/zyxw/jyjl/201803/t20180312_329595.html.

解专业学位研究生教育的开放性和跨界性，理解要实现专业学位的学术性、实践性、职业导向性的“三合一”的教育目标，仅仅依靠教育机构本身难以完成，教育机构和其利益相关者必须也不得不一起共同营造学生乐于体验的、良好的教育-社会大环境，这样才能保证专业学位研究生教育的顺利实施。应该正确认识和理解专业学位实践中利益相关群体的责任、作用及影响（见表 8-1）。

表 8-1　专业学位实践中利益相关群体的责任、作用及影响

层　面	利益相关群体	责　任	作用及影响
宏观	各级政府	专业学位教育的举办者，承担着发展专业学位教育的主要职责	立法、规划、拨款等是政府影响专业学位教育实践的重要手段，为实践提供人、财、物的支持
	行业学会、协会	专业学位教育主要影响者，参与制定行业人才标准的责任和准入政策	行业标准是培养过程的参考依据，行业需求对专业学位研究生的培养规模、素质要求和培养质量产生影响
中观	高校	专业学位教育最重要的主体和执行者	高校培养覆盖了实践全过程
	各专业学位教育指导委员会	指导、协调、献计献策	通过调查研究、实地考察、咨询指导等方式指导、协调专业学位实践活动，监督工程硕士教育质量
	实践基地、研究生工作站等	操作实践的重要场所	为实践提供场地、导师、经费支持，参与考核和监管
微观	导师及导师组	专业学位研究生实践培养的责任人	导师的有效指导是提高学生实践水平和效果的重要保证，其职责包括各类实践形式的指导与考核
	学生	专业学位实践的直接受体	在导师的指导下，按照学校的培养方案完成各类实践，获得从业能力

政府部门应为实践活动创造有利的环境和条件，以承担发展专业学位教育的主要职责，要做好顶层设计，加大政策支持力度，通过立法、规划、拨款等为专业学位实践保驾护航；要积极鼓励企业甚至某些政府部门接受学生进行专业实践，要求大中型国有企业每年接纳一定数量的学生完成实践任务，对接受学生实践的企业给予减免税的优惠，或设立专项企业合作激励基金。借鉴国际经验，从政府层面建立企业面向学生的实习制度、企业社会责任等相关制度立法（以及企业税的减免）、设立合作教育相关基金的促进法。考虑和高校合作为企业设立省级重点实验室或省级技术中心的头衔，从而调动企业的积极性。关乎研究生教育和社会经济发展的产学研合作法应该引起高度重视，也可在条件成熟的地区率先开展和实施相关产学研合作法，促进教

育和社会经济发展的结合，满足国家需求，为创新型新兴产业发展提供高层次人才及人才储备。[①]

行业学会、协会充分发挥第三方的作用。行业学会、协会是指那些带有较强学术性色彩的专业组织，或设有研究部门、教育委员会的协会。鉴于专业人员的职业资格所涉及的考试标准和评价体系等都是专业性很强的特点，行业（企业）协会应为专业学位人才培养质量标准提供重要的依据和参考。树立行业协会在专业学位教育中的重要地位，发挥其应有的效用，鼓励其与高校建立起良好的对话机制，共同商讨专业学位人才培养问题。

高校需要转变观念，将满足企业用人需求和学生职业发展需要作为专业学位研究生教育的首要目标。作为专业学位研究生教育实践活动的实施者和主体，高校要开放办学，主动了解、对接产业及区域需求，积极推动学科专业建设与产业转型升级相适应；继续深化“引企入教”改革，与企业共建产业技术实验室，升级“校企合作”为“产教融合”；进一步拓展国际交流合作领域，提升专业学位研究生教育的国际性；积极探索专业学位导师培养途径，培养“双师型”导师，重新考量和设置校内以职业技术见长的教师发展通道，加强校内外导师的沟通交流机制，促进校内外人员的相互学习，促进科教产政学的融合，形成较为稳定的校外人员和校内人员合作的平台、联盟与网络，鼓励校内导师进入行业、企业挂职锻炼，接受实践检验，提升校外导师的指导水平和能力等。

专业学位教育指导委员会是教育界和产业界的专家团队，应发挥同行专家的作用，促进专业学位的可持续发展。积极推动各类标准的制定，如授权点准入标准、合格标准、学位标准、相关教学环节标准或指导性意见等。组织开展各类评优活动，如MBA优秀案例，工程教育指导委员会突出工程硕士学位获得者、优秀实践项目学位获得者、示范性实践基地等。全国工程硕士教育指导委员会高度重视产学研联合培养，致力于服务国家战略的工程硕士研究生联合培养体系，2014年，在国内率先开展了“全国示范联合培养基地”评选表彰活动，将其中的优秀案例汇编成《产教结合 协同育人——第二届“全国示范性工程专业学位研究生联合培养基地”建设成果巡礼》一书，受到各培养单位的普遍欢迎。

三、积极探索尝试不同形式实践活动的组合

高校应充分利用并积极探索多种实践形式，并加强制度保障建设。在认知实践方面，改变单一的课堂讲授和书本学习方式，采取多种授课形式，提高学生的主动参与度；关注高科技在课程中的运用，如基于大数据、互联网的在线课程；积极开拓第二

① 马永红，张乐，李开宇，等. 全日制专业学位研究生教育满意度的调查分析——基于部分全国重点高校应届毕业生的视角[J]. 高教探索，2015(12)：89-98.

课堂,如参观访问、企业座谈、田野调查、团队野外拓展训练;保持并加强与行业产业的联系,促进业界导师参与课程体系与课程内容的改革,利用“双师同堂”和“多师同堂”等方式,将学术教师和企业教师同步请进课堂,不断扩大师资边界,强化知识的落地衔接和应用,把资格证书考试、岗位需求、行业培训等内容纳入课程体系范围,充分利用合作科研、各级联合研究和技术中心或基地,充分融合课程讲授和教学方式、设计特定课程、构建网络开放的综合实验平台;等等。如表 8-2 所列,我国部分高校开设的课程中已体现上述若干观点。

表 8-2 国内部分高校应用类课程设置情况

专业学位	高校(领域)	课程名称	作　用
工程硕士	重庆大学(控制工程)	智能故障诊断	解决火箭漏电、设备故障问题
	武汉大学(测绘工程)	现代伺服系统及应用	课程与中心卫星发射流程的无缝结合
	中国石油大学(北京)(石油与天然气工程)	“注册测绘师”相关课程	以满足测绘职业需求为目标,达到行业对学生知识和能力的要求
		钻井工程实践与案例分析	培养学生工程实践能力
MBA	上海对外经贸大学	创业管理实践、企业诊断	带领学员参与企业与管理人员座谈,模拟咨询,找出问题并帮助企业解决问题
		奢侈品营销	走进珠宝专营店学习和体验课程知识内容
艺术硕士	清华大学深圳国际研究生院	品牌形象战略与设计课程教学安排	国内首创的交叉性、综合性、应用类课程,思考与回答当下中国经济发展模式、中国企业转型升级等热点、焦点问题

在操作实践方面,目前校内外实践基地已形成一定规模,但是未能成为主要的实践形式,应积极探索实践基地的建设并发挥其作用。实践基地是政、产、学、研、用相结合的重要平台和载体,我国部分实践基地已经产生了诸多科研成果和经济效益,形成了一定影响力,受到政府、高校、学生、用人单位各方的关注,但实践基地建设的覆盖范围、力度以及模式仍处于初期探索阶段,水平也参差不齐。要建立国家级、省级统一管理的实践基地,实现基地共享;不同类型、不同层次的高校要充分结合自身优势,积极探索实践基地的建设。高校已建立与行业、企业各种形式的合作,如为本科生提供实习实践、合作培养学术型研究生、合作培养在职工程硕士、建立研究生工作站等,都为实践基地的建设奠定了基础。校企双方要抓住建设实践基地的契机,以使原来“松散的、不稳定的合作”转变为“有组织的、稳定的合作”,实现校企合作的良性循环。

丰富实践基地的职能,促进双方的合作向多元纵深方向发展。实践基地不仅是学生进行实操训练的场所，其职能还可以扩展到多个培养方面。招生环节可以探索校企联合选拔招生，让企业第一时间了解学生的质量，让学生第一时间了解企业的需求。课程环节可以邀请基地企业或行业人员参加授课。论文环节可以以项目或者课题为牵引，学生结合实践中遇到的实际问题撰写毕业论文或其他形式的毕业成果。就业环节可以邀请企业为学校提供毕业生质量评价。提升校内教师实践能力，培养既有深厚扎实理论基础又有丰富实际经验的“双师型”导师。

实践基地联合培养双方要加强沟通与交流，以及时发现和解决学生的日常问题，最大限度地保证学生的实践成效。学生集中时间在基地实习，可能会与校内培养相脱离，加上校外导师工作繁忙，指导学生的时间难以保证。为避免出现这种“离岛效应”，校企双方应建立多种沟通方式，从学习、心理健康和安全教育等多方面关心学生。

在反思实践方面，应鼓励其他反思实践形式的运用，推动考评机制体制改革。目前，毕业考核仍以学位论文为主，其他考核方式所占比例较小。探索其他考核形式存在一定的阻碍，单就评审这一环节，部分老师还是按照学术型论文的要求评审，会出现理论型的校内老师和行业实践专家之间意见不一致的情况，行业实践专家往往看重的是现实问题的解决，而理论型老师往往看重的是研究方法及过程是否科学、规范。因此，建议将专业学位和学术学位论文分类评审，专业学位的考核评价机制应以解决问题的能力为核心，注重应用性和创新性，考虑每个学生的实际情况和研究成果，如能否现场实施、能否解决实际问题、效果显著与否、经济效益如何等均可作为考核的要素；成果形式不拘一格，论文、专利、报告、设计、说明书、产品等都能促进专业硕士研究生发挥出更大的活力。考核方式的改革涉及学生、导师、学校等多方群体，任重而道远。此外，积极邀请行业专家参与评价体系的建立，以建立涵盖高校、企业、研究所的支持联盟或系统，将培养人才与振兴行业结合，为专业学位学生的就业创造更好的市场前景。

国外已有高校践行了认知实践、操作实践和反思实践相融合的理念。

反思实践贯穿于其他两种实践的过程中，即在认知实践和操作实践中，不断伴随着反思的过程。英国格拉斯哥大学教育硕士要求学生以准职业角色进行实践训练，学校有义务确保每个项目都适合学生去实践，最终的评估根据学生的学习成绩、相关的职业标准和期望综合而定。实践是由格拉斯哥大学、中小学、苏格兰教学协会共同组织的，每一个学生的实践都可以得到保证，实践的费用已包含在学费当中。教育硕士的培养就是理论和实践不断交替的过程，课程共 18 周，具体的安排是先在格拉斯哥大学上课 6 周，然后在中小学实践 6 周，再回格拉斯哥大学上课 6 周，如此反复，课程与实践交替进行。[①]

例如，美国麻省理工学院工程硕士某项为期一个月的实地调查项目就是认知实

---

① 根据笔者对英国格拉斯哥大学教育学院研究生授课项目教师的访谈整理得出.

践、操作实践、反思实践相融合的典型。项目的目标是对智利计划建立的水电站进行评估，成员由有丰富经验的专业人士组成，包括学生与地下水文学家、作家和化学家。其过程是在一个月内走访智利巴塔哥尼亚海岸，每个成员将进行这项研究的一个方面，整个团队将会进行一个全面的分析和讨论。这一个月的"游历"包括远足、漂流、徒步旅行和露营，成员以参加学术会议等形式进行调研，寻求利益相关者对问题的基本认知。通过采访智利国家环境委员会的员工，了解智利的环境监管的基本原则；通过访谈智利能源部相关研究人员，讨论智利对能源的一般做法，以及联邦政府对非传统能源的立场；通过与国际河流组织董事的交流，讨论论文对数据的需求，旨在保护河流、维护人权；询问地方政府对于拟建大坝的看法；与社区成员谈论该项目对社会政治和经济的影响，向生物学家、经济学家、律师、工程师和海洋学家学习。这些联系和接触对学生获得后续分析和讨论所需的数据相当重要，这些活动为团队成员理解和认识大坝建设的相关问题打下了坚实基础。